몸의 독소를 제거하는

연꽃차

몸의 독소를 제거하는

연꽃차

글·사진 **진미 강명수**

| 서문 |

 아침이슬 맞으며 가슴으로 눌러온 셔터의 빠른 움직임 속에서 어느 날 문득 내게 들어온 자연의 피사체는 바로 연꽃이었다. 그 아름다운 자태와 향기에 취하고 인고와 번뇌의 마음에 잉태한 고귀함은 연꽃사진 속에 피어났다. 늘 남의 연꽃을 찍기보다는 내가 직접 길러 찍고 싶은 마음에 지금에 이르렀다.

 연을 재배하면서 가장 시급한 문제로 떠오른 것은 여러 농가마다 행해지는 바로 화학 비료의 방사였다. 원래 연은 비료를 주지 않아도 스스로 자기의 뿌리로 다음해살이를 준비할 수 있는 양분이 자생된다. 또한 자정작용을 거듭하지만 결과적으로 화학비료의 오염된 물에서 자라난 연은 비료덩어리일 뿐 당연히 그 이상 기대할 수 없다.

나는 늘 깨끗한 연못에서 길러낸 청정한 연, 불순물이 전혀 섞이지 않은 자연 그대로를 원한다. 또한 지하의 맑은 물과 자연퇴비로 길러낸 연이 많은 사람들에게 조금이라도 도움이 된다면 그뿐이다. 이렇게 정성을 다해 가꾼 한해의 연농사는 매년 9월에 채취하여 재래적인 방법으로 직접 연차를 만들고 있다.

『양화소록』에 '연꽃은 꽃 중의 군자'라고 하였다. 연지(蓮池)에 따스한 찻물을 부으면 은은한 향이 피어오르며 연꽃 내음이 진동한다. 입 안 가득 머금은 연꽃향의 감미로움은 느끼는 것만으로도 행복하다.

연꽃은 예로부터 불로식(不老食)이라 하여 식용과 약용으로 많이 애용되어 왔다. 여름날 우리의 건강을 보살필 수 있는 좋은 약재이며 음식이다. 뿌리, 줄기, 잎, 꽃, 열매 어느 것 하나 버릴 것이 없는 연꽃은 옛날부터 도덕화(道德花), 수도화(修道花)라고도 불러왔다. 그 이유는 진흙에 뿌리내리고 살지만 그 자태는 진흙에 물들지 않기 때문이다.

연꽃은 아침에 피어서 저녁에 그 꽃잎을 오므린다. 꽃이 활짝 피었을 때 차를 넣고 묶어두어 꽃이 오므라지기를 기다려 하룻밤을 지내면 연꽃의 향기가 차(茶) 속에 스며들어 은은한 향을 머금은 연꽃향차가 만들어진다. 또 거기에 싱그러운 맛을 더하려면 탕관 속에 연의 줄기를 썰어서 넣어보면 부드럽고 단맛이 나는 차로 우러나게 된다. 어디 그뿐인가. 백련을 직접 우려내어 마시면 입안 가득 향이 퍼져 몸과 마음을 가볍고 들뜨게까지 한다.

또 8월에 나는 연잎으로 연잎향차를 만들거나 여린 연잎에 갖은 재료 넣어 동여매서 쪄내면 맛있는 연꽃밥이 되기도 하며, 소주와 토종꿀을 뜨고 난 봉밀을 함께 넣어서 밀봉해 그늘에 두면 연엽주가 만들어진다. 또 연근은 반찬을 만들기도 하고 다식을 만들기도 하며 연꽃이 피고 난 후 맺히는 열매인 연자(連子)는 연자육(連子肉)이라 하여 심장이 허한 분이나 신경과민으로 잠이 잘 안 오는 사람에게는 안정을 시켜주는 좋은 약재이기도 하다. 이 연자육을 갈아서 죽을 쑤기도 하고 또한 가루차와 같이 섞어서 마시면 부드럽고 연한 연가루 말차(抹茶)가 만들어진다.

이런 연꽃이 요즘 새로이 현대인들에게 각광을 받고 있다. 연의 재배지에서는 매년 연꽃을 주제로 한 축제 마당이 열리고, 사찰이나 행정기관에서는 연밭을 조성해 관광객을 맞이하고 있다. 이런 열기에 동조하듯 우리나라의 기후마저 아열대 풍으로 바뀌면서 꽃의 개화 시기가 빨라지고, 개화지속일수도 길어지는 추세이다. 이처럼 연은 면역성을 높여주고 질병을 예방하는 천연방부제와 같은 역할을 한다. 연꽃이 상징하고있는 처렴상정의 정신은 오늘날을 살아가는 모든이들에게 더없는 교훈이 될것이다.

2006년 가을
진미(眞米) 강명수

목차

서문 / 4

1장 신비한 연의 세계

연 이야기 / 13

불교경전과 연꽃 / 35

미술작품과 연꽃 / 47

문학작품과 연꽃 / 52

2장 연의 종류

연꽃 / 66

수련 / 70

가시연꽃 / 74

어리연꽃 / 76

개연꽃 / 81

연의 분류 / 78

3장 연과 연꽃차

연차와의 만남 / 83

현대인과 연차(蓮茶) / 87

연차 만들기 / 89

연꽃차 마시기 / 107

4장 연의 효능

연차의 효능 / 115

연의 주요 성분과 약리작용 / 118

질병에 따른 민간요법 / 149

연의 각 부위별 약리효과 / 154

5장 연의 재배법

국내의 연 재배지 / *159*

논에서 연 기르기 / *170*

화분에서 관상연 기르기 / *185*

6장 연과 음식

다양한 연음식의 활용 / *195*

연근조림 / *198*	연근튀김 / *200*
연근 손질법 / *202*	연영양밥 / *204*
연자죽 / *206*	연엽주 / *208*
연송편 / *210*	연편 / *212*
연절편 / *214*	연칼국수 / *216*
연꽃부침 / *218*	연잎환 / *220*
연잎발효액 / *222*	

〈부록〉 다양한 연의 체험담

제1장 신비한 연의 세계

연 이야기

1.

 연(蓮)은 그 생김은 화려하지만 결코 경박하지 않다. 믿음직스럽고 듬직한 잎 위에 청초히 고개를 내미는 연꽃. 고대 인도에서는 연꽃을 진흙 속에서도 곱고 아름다운 꽃을 피우며, 흙탕물이 튀어도 묻지 않고 항상 깨끗하여, 마치 번뇌에 물들지 않는 청정무구한 불법성을 나타내는 것 같다하여 진귀한 보배로 여겼다.

 연꽃을 가만 들여다보면 꽃만 피어있지 않고 재미나게 생긴 열매들이 파랗게 고개를 내밀고 있다.

꽃과 열매가 함께 열린 그 모습이 마치 인과(因果)를 보여준다. 이 때문인지 연꽃이 불가에서 숭앙(崇仰)하는 꽃이 된듯하다.

마치 진흙 속의 뿌리는 전생을, 물속의 줄기는 현생을, 물 위에 꽃은 천상의 세계라 여겼다. 그래서 인지 연꽃을 '천국의 꽃'이라며, 부처님과 보살님들이 앉는 좌대를 모두 연꽃 모양으로 만들었다.

북송의 대학자 주렴계(1017~1073)가 지은 『고문진보』의 〈애련설(愛蓮說)〉을 잠시 소개한다.

내가 오직 연꽃을 사랑함은 진흙 속에서 태어났지만 더러움에 물들지 않고, 맑은 물에 씻기어도 요염하지 않으며, 올곧은 줄기는 속이 비어 밖과 통하며, 덩굴지지 않고 가지가 없어서이다. 향은 멀수록 맑고 우뚝 선 모습은 멀리서 바라볼 일이요, 너무 가까이 할 수 없으니 연이야말로 꽃 중의 군자니라.

연꽃은 유가(儒家)에서도 진흙탕 위에 뿌리내렸으되

맑고 곧은 자태로 피어오른 그 모습이 군자와 같다 하여 뭇 선비들의 흠모를 받아왔다. 미인의 걸음걸이를 '연보(蓮步)'라 이른 것도 모두 연의 고귀한 자태를 대변하는 것이다.

우리나라에서도 〈심청전〉의 연꽃 이야기가 재생을 상징하였고 도, 성, 4대문 밖에는 연못을 만들고 연을 심어 외부의 화(火)가 들어오는 것을 막았다고 한다.

곳곳에 늪을 파서 연꽃을 키웠기 때문에 대부분의 못을 '연못'이라고 불렀다.

서양의 고대 이집트인들도 태양이 연꽃에서 탄생하며 연꽃이 성스러운 '신의 향기'를 전해준다고 믿었다. 중국에서는 불교 전래 이전부터 연꽃이 진흙 속에서 깨끗한 꽃을 피우는 모습을 속세에 물들지 않는 '군자의 꽃'으로 표현하였다.

그래서인지 불교에서는 극락세계를 신성

한 연꽃이 자라는 연못으로 생각하여 사찰 경내에 연못을 만들기 시작했다. 이외에도 연꽃은 장수와 건강, 그리고 다산(多産)의 징표로 여겨왔다. 또 연꽃은 힘과 생명의 창조, 풍요, 행운, 번영, 명예, 신성 및 영원 불사의 상징으로도 삼았다.

2.

연(蓮)을 영어로 하면 Lotus인데, Lotus는 연과 수련을 모두 의미한다. 연은 인도의 국화(수련은 이집트의 국화)로 고대 민속에서 여성의 생식기를 상징하며 힘과 생명의 잉태를 나타내고 풍요와 번영, 장수와 다산(多産)과 같은 건강의 심벌로 삼았다.

인도에서는 B.C. 3천년경의 것이라고 추정되는 연꽃의 여신상이 발굴되었고 이 여신이 연꽃 위에 서서 연꽃을 쓰고 태어났다고 한다. 그리스 신화에서도 연꽃은 사랑과 생식의 상징이었다.

이집트에서는 연을 다음과 같이 각각 보고 있다.

진흙 속에 있는 뿌리를 지하의 세계, 물 위에 있는 줄기는 지상의 세계, 꽃은 대기 중에서 자라서 하늘의 세계라 이른다. 그들은 이러한 연의 세계가 마치 세 개의 세상이 하나로 표현되어 피어난다고 여긴 것이다.

또한 연이 밤만 되면 꽃잎을 닫고 새벽이면 햇빛을 받아 다시 피어난다는 점에서 죽음과 탄생을 반복하는 주기적 특징을 지닌다하여 신성한 식물로 여겼다.

고대 이집트인들의 세계관에 따르면 태초에 세상에는 물만 있었고, 이것을 Nun(카오스의 물: 그리스 신화에서 우주발생 이전의 원시적인 상태를 일컫는 말)이라고 하였으며, 그 물속에 연이 있다고 생각했다. 연 위에 태양신이 살며, 때로는 태양신이 연을 머리에 올려놓고 있기도 했다며 연과 태양신을 같은 존재로 여긴 것이다.

인도에서는 BC 1500년경에 성립한 『리그베다(Rigveda)(인도의 가장 오래된 종교서적)』 이전에 이미 백련(白蓮)이 먼저 주민들에게 지모신(地母神)으로 찬양받아 왔고 힌두 신화에 신이 거주하는 곳 바이쿤타에는 연꽃과 백합이 심어진 아름다운 정원이 있으며 그곳은 깨끗하고 순수한 곳으로 더러움과 무지가 없는 곳으로 표현되었다.

또한 창조주가 우주를 창조하려고 내려올 때 세상에는 물만 있고 그 위에 연잎이 있어 세계를 연잎 위에다 창조했다고도 하는데, 이는 이집트 신화와 매우 흡사함을 알 수 있다.

3.

불교에서는 연꽃이 부처님의 탄생을 알리는 꽃으로 극락세계에서는 연꽃 위에서 태어난다고 믿는다.

그래서인지 부처가 나타나는 곳이면 으레 연꽃이 등장한다. 그가 걸어가는 발걸음마다 연꽃이 피어나고, 그가 앉는 자리는 언제나 연꽃이 활짝 핀 연화대이다.

마치 지구를 떠받치듯이 부처를 떠받쳐 놓은 것이다. 그러므로 불상이 앉아 있는 연화대는 온 세상의 만법을 떠받치고 있는 셈이다. 불교의 진리를 강설한 **『묘법연화경』**에 나오는 **〈염화시중의 미소〉**는 불교 전법(傳法)의 상징적 사건으로 연꽃을 전환시킨다.

'염화시중(拈花示衆)의 미소요, 이심전심(以心傳心)의 묘법(妙法)'이다.

어느 날 영산회상(靈山會上)에서 부처님이 설법은 하시지 않고 곁의 연꽃 한 송이를 들어 제자들에게 보였는데 제자 중에 가섭(迦葉)만이 홀로 미소를 지었다고 한다. 말을 하지 않고도 마음과 마음이 통하여 깨달음을 얻게 된다는 뜻인 염화시중(拈花示衆)!

화중연(火中蓮) 즉 '물속에 핀 연꽃'이란 표현도 있다. 번뇌를 일으켜 주변을 오염시킨 사람이 마음을 닦아 자신과 주위를 맑게 하는 깨달음을 얻었을 경우에 쓰는 말이다.

연꽃은 진흙탕물에서 살지만 흙탕물을 조금도 자신의 꽃이나 잎에는 묻히지 않는다. 이것은 마치 불자(佛子)가 세속에 처해 있어도 세상의 더러움에 물들지 않고 오직 부처님의 가르침을 받들어 아름다운 신행(信行)의 꽃을 피우는 것과 같은 것이다.

마치 혼탁한 인간세계에 보살이 함께 살면서 세간의 탐욕과 시기에 물들지 않고 중생의 마음을 구제하려는 보살행의 상징적인 표현이 담겨 있다.

연의 근경의 단면을 자르면 7~9개의 둥근 구멍이 있는데 그 관은 연뿌리에서부터 잎자루와 잎의 가장자리까지 연결된다.

물이 주위에 찰 때 잎자루가 잠기지 않고 곧게 세워

져 오염된 물에서도 대기 중에 맑은 산소를 흡수하여 썩지 않고 싱싱하게 생존할 수가 있다.

이처럼 불교의 대표적인 꽃으로 꼽히는 연꽃은 진흙탕 속에서도 뿌리를 내려 자신의 모습을 잃지 않고 오히려 더러운 물을 맑게 하고 청아(淸雅)하고 아름다운 꽃을 피우며 향기까지 선사한다.

연꽃은 꽃이 핌과 동시에 열매가 그 속에 자리를 잡는다. 이것을 '연밥(蓮實)'이라 하는데, 즉 꽃은 열매를 맺기 위한 수단이며 열매의 원인인 것이다. 이 꽃과 열매의 관계를 인(因)과 과(果)의 관계라 할 수 있으며 인과(因果)의 도리는 곧 부처님의 가르침이다.

중생들은 이 인과의 도리를 바로 깨닫지 못하고 있기 때문에 온갖 죄악(罪惡)을 범하고 있는 것이다. 우리가 자신이 짓는 온갖 행위에 대한 과보(果報)를, 마치 연꽃 속에 들어 있는 연밥처럼, 환희 알 수 있다면 아무도 악의 씨를 뿌리려 하지 않을 것이며 죄의 꽃은 피지 않을 것이다. 이러한 인과의 도리를 가장 잘 나타내고 있는 꽃이 연꽃인 것이다.

　부처님 앞에 합장하고 경건히 서 있는 불자의 모습은 마치 한 송이 연꽃이 막 피어오르는 것과 매우 흡사하다. 이러한 몇 가지 이유에서 연꽃은 불교의 상징적인 꽃으로 사랑을 받는 것이다.

4.

우리나라에 연꽃의 전래는 정확히 알 수는 없으나 원산지인 인도와 이집트를 거쳐 중국을 거쳐 불교와 함께 우리나라에 전래된 것으로 알려져 있다.

상주(尙州)에 삼한(三韓)시대에 축조된 공갈못 저수지에 연꽃이 피어 장관을 이루었다고 『상산지(商山誌)』에 기록되어 있는 것으로 보아 불교가 전래되기 이전부터 들어와 있었고 불교의 융성기에는 연에 관한 지식이 널리 활발하게 보급되었었다.

그러나 우리나라에 도입되었음을 알 수 있는 정확한 문헌의 기록은 없다. 우리나라 연은 분홍, 붉은색, 흰색의 대형종으로 불교전래 이전에 자생하여 우리나라 자연환경에 적합하도록 토착화된 품종으로 추정된다.

세계적으로는 북남미와 유럽에 분포하며 아프리카에서는 이집트, 아시아에서는 인도를 중심으로 중국 남부와 동남아시아에 많이 분포하며 북쪽으로는 한국과 일본 만주의 남부까지 분포되어 있다.

먼저 지리적으로 볼 때 동양에서는 대부분 산수(山水)가 많아 자연에 기인한 도의사상(道義思想)이 발달하였고 그 근본됨은 '모성'이었다. 인도의 힌두교는 그 중심축으로서 다신론(茶神論)을 총칭한다.

그 많은 신들의 어머니라 할 수 있는 라지브를 상징하는 꽃은 흰 연꽃(白蓮)이었다. 또 하나 불교 성립 이전의 베다(Veda)의 물위에 떠있는 연꽃은 조물주와 연관되어 상징으로 비유되었고, 마하바라타(Mahavarata)의 천지창조 설화에는 천지가 개벽할 때 연꽃을 『비슈누』와 그의 처 『락쉬미』의 표징으로 삼아, 광명과 생명의 꽃이라는 사상이 불교 이전부터 인도의 민속 신앙에 깊이 뿌리를 내리고 있었다. 이외에도 이집트, 그리스, 메소포타미아, 시리아 등 고대 문명권의 한 중심에 공통적으로 연은 등장하고 있다.

이웃 일본에도 인도, 중국을 거쳐 1500여년 이전에 연이 전래되었다는 사실이 유적발굴과 『고사기』(712)와 『상륙풍토기』(713) 등의 고서에 기록되어 있고, 재

락쉬미

배 보급은 메이지시대 중기 이후(1868~1912)로, 집약적 재배는 다이쇼(大正) 초기(1912) 이후부터 현재에 이른다.

우리나라에도 최고의 원예 전문지인 강희안의 『양화소록』에 연의 재배법이 상세하게 서술되어 있다.

일연의 삼국유사 제3권 탑상제 4의 신라시대 고승 자장율사의 『대산오만진신(臺山五萬眞身)』중간 부분, 고적으로는 강진군 성전면 금당지(345년전), 경북 청도 화양(조선 중엽 1520년), 충남 아산 인취사(고려시대), 전주 덕산지(고려시대), 경북 구미 해평연지와 부용정(아도화상), 경기 시흥 하중 관곡지(조선 세조9년 강희맹)는 중국에서 연씨를 가져와 심게 되었다.

이처럼 선조 때부터 우리 생활 가까운 정원에서 문명과 민속신앙의 표상으로 존재하여 설화에서, 벽화와 불단과 탑신에서 각종 생활 공구의 문양과 조각에서도 연의 모습은 다양하게 나타나고 있다. 연의 장구한 역사는 그 오묘함이 무엇이길래 동서고금을 막론하고 이처럼 고고할 수 있을까?

5.

 연꽃은 한국인에게 있어 단순한 꽃이 아니라 믿음 그 자체이다. 서양인이 좋아하는 장미나 백합은 아름다움만을 추구하는 원예식물이다. 하지만 동양인에게 있어서 연꽃의 의미는 종교로까지 승화된다.

 단지 불교와 밀접한 관련이 있다는 것 외에도 우리 민족의 심성에 잘 맞는 식물이다. 우선 우리 겨레가 꿈꾸는 낙원이 곧 연꽃이 만개한 극락(極樂)이라는 점이다. 연꽃 속에서 태어난 심청의 효성어린 이야기를 들으며 자랐고, 죽어서도 연꽃이 만발한 꽃상여를 타고 영생의 낙원으로 떠난다.

 우리 선조들은 고분의 중앙 가장 높은 천장에 연꽃을 그려 사후 세계의 낙원으로 삼았다. 많은 건축물에서도 연꽃으로 단청을 했으며, 가장 화려한 비단옷의 옷고름에도 연꽃을 그려 넣었다. 심지어 죽어서도 연꽃을 장식한 꽃상여를 타고 저승으로 향했다.

 이처럼 연꽃은 우리의 생활 여러 곳에서 그 흔적을 찾아볼 수가 있다. 이뿐만이 아니다. 우리의 정신세계

에도 한몫을 한다. 많은 문학작품에서도 연꽃을 예찬했고 건축과 공예, 회화에서도 연꽃을 주제로 한 작품이 많이 남아있다.

우리 조상들은 가장 화려하고 성스러운 사원을 만들기 위해 무수히 많은 연꽃으로 장식하고 그 중앙에 연화좌대를 마련하여 부처님을 모시고 있다. 또 연꽃은 부귀다남(富貴多男)의 상징이며 자손의 번창과 건강장수를 염원하는 뜻이 담겨 있다. 부처를 상징하는 흰 연꽃이 고통과 질병에서 해방시켜 준다고 믿었다.

그래서 연꽃은 부위별로 각종 질병을 막아주는 영약으로 알려져 있다. 또 어린잎은 나물로, 연근은 밑반찬으로, 꽃은 차나 술을 빚어 마신다. 어느 부위 하나 버

릴 것 없는 식물이다.

점점 갈수록 수질오염이 가속화하고 있는 이때 농가의 연꽃재배야말로 환경오염을 막을 수 있는 길이다. 그 예로 도시의 조경용으로 식재한다면 수질정화 문제를 해결할 수 있는 열쇠가 된다.

도시 중앙을 흐르는 작은 개천이나 호수, 공원의 녹화용으로 연꽃을 심는다면 관상은 물론 수질과 공기를 동시에 정화시켜 준다. 환경을 보다 깨끗하게 하기 위해서라도 연꽃을 많이 심어야 한다.

연꽃은 오염된 수질에서도 잘 견디는 강인한 수초이며 화분에 심어 관상용으로 가꾸어도 잘 자란다. 도시 가로변의 녹지 공간을 충분히 활용할 수 있는 좋은 관상식물이다.

불교경전과 연꽃

석가 탄생 시 마야부인 주위에 오색의 연꽃이 피어 그 연꽃 위에서 석가를 탄생시켰음을 인연으로 연꽃이 불교를 상징하는 꽃이 되었다. 또한 연꽃은 진흙땅속에 뿌리를 내려 물 밖으로 웅장한 잎과 맑고 순박한 꽃을 피워 올려 험난한 인간세계에서 살아가고 있는 고달픈 중생(衆生)을 구원한 석가모니를 상징하는 꽃으로 알려져 있다.

부처님이 열반하실 때 하늘에서는 오색의 연꽃이 쏟아져 내렸다고 한다.

불좌상의 연좌대, 사찰지붕 기와의 막새에서 볼 수 있는 연꽃무늬, 초파일의 연화등, 극락세계를 〈연화극〉이라 하는 등 불교와 연관된

연화무늬 와당〈신라시대〉
연꽃은 물을 상징하여 화마를 막는 의미로 와당의 무늬에 많이 사용되었다.

것들이 수없이 많고 우리나라에서도 불교 전성기였던 고려시대 때 연꽃, 연근, 연밥까지도 부처님의 보좌로 인정하여 감히 건드리지 못하게 신성시 하였다.

부처는 대부분 연꽃 위에 앉아 있다. 이는 연이 꽃잎이 크고 많으며 아름답기 때문에 세상의 귀한 꽃으로 간주되었고, 꽃이 피는 동시에 열매를 맺기 때문에 인과(因果)의 이치와 맞아 불상의 받침대는 연꽃으로 표현된 것이다.

인도에서는 여러 신에게 연꽃을 바치며 신을 연꽃 위에 앉히거나 손에 쥐어주며, 불교에서도 부처상이나 스님이 연꽃 대좌에 앉는 풍습이 생겼다.

연꽃은 부처님의 가르침에 비유된다.

연꽃은 처음 꽃잎이 피어나면서는 그 속에 열매(연실-蓮實)를 보호하고, 꽃잎이 벌어지면서 열매를 내보이며, 꽃잎이 떨어지면 크고 평편한 꽃턱 구멍 속에서 열매를 보호하며 그 열매는 수명이 제일 길어서 2천년 이

상 묵은 것도 발아된다. 또한 연잎은 물에 젖지 않으며 잎자루 안에 있는 구멍은 지하경의 구멍과 통한다.

부처님께서 중생을 제도하시는 가르침도 이와 같다.
처음에는 방편(方便)으로 시작해서 차츰차츰 실상(實相)을 열어 보이시고 드디어 방편은 떨어지고 실상을 확연히 깨달아 들어가게 하는(개시오입, 開示悟入)것이다.

연꽃은 원래 고대 인도의 토속신앙에서 빛과 생명 그리고 탄생과 회생의 상징이었는데, 불교 성립 이후에는 깨달음과 극락정토(極樂淨土)를 상징하게 되었다.
더러운 진흙탕 속에서 청정한 꽃을 피워 내는 연꽃은 오랜 수행 끝에 깨달음에 이른 수행자의 모습을 상징하여 최고의 경전이라 불리는 『**묘법연화경**(妙法蓮華經)』에서는 불교의 근원적인 가르침을 연꽃으로 비유하기도 한다.

"인간 본래의 지닌 마음을 자성청정심(自性淸淨心)이라 하여, 근본은 물들지 않는 청정한 마음이기에 연꽃에 비유하여 연화심(蓮華心)이라 한다. 또 부처님이 앉으시는 자리를 연화좌(蓮華座)라 하니 이는 사바세계의 진토(塵土)와 같은 곳에 중생들과 있으면서도 물들지 않고 청정함이며, 스님들의 법복인 가사를 연화의(蓮華衣)라 함도 마찬가지이다. 또 불교의 이상 세계는 불국 세계인데, 이를 연화장세계(蓮華藏世界)라 한다."

연화장세계는 향수로 된 바다 가운데 커다란 연꽃이 피어 있듯 하고, 본래 법신불(法身佛)이 천 잎의 연화대에 앉았는데 천 잎이 각각 한 세계가 되고 그곳에 화현한 일천 석가모니불이 계시며 다시 백억나라에 모두 부처님이 계신 곳이다.

중생으로 이 세상에 살면서도 부처가 될 수 있는 종자, 불성(佛性)을 가지고 본래 물들지 않고 청정함이며, 중생마다 근기의 차이가 있으나 모두 부처가 될 수 있으며, 결국 이 사바세계를 불국 세계로 건설하는 것이 연꽃이 피어나는 성질과 물들지 않는 특성들과 같다하여 연꽃을 귀중히 여기에 된 것이다.

불교를 대표하는 연꽃은 그 자체로 선(禪)이고 화두(話頭)이다. 연꽃이 선의 기원이 된데는 부처님의 가르침이 자리하고 있다.

다음은 『대범천왕문불결의경』에 있는 이야기이다.

그때에 대범천왕이 부처님께 사뢰었다.

"세존께서 세상에 오시어 40여 년 동안 갖가지 설법을 하시었습니다. 어찌 미증유의 법문이 아니겠습니까. 어찌 말로 다 할 수 있는 법이라 하겠습니까. 원컨대 세상의 모든 사람들과 천신들을 위하여 보여주십시오."

이 말을 마치고 금 빛나는 천개의 잎이 달린 연꽃을 바치고 자신의 몸으로 법상을 대신하여 앉게 하며 진심으로 법을 간청하였다. 그때 부처님께서 문득 꽃을 들어 대중들에게 보였다. 법회에 모인 백만 대중들과 비구들은 묵묵하였다. 법회에는 오직 마하가섭존자가 있어서 곧 그것을 보고는 미소를 지었다. 그리고는 곧 자리에서 일어나 합장하고 바로 서서 아무 말이 없었다. 부처님이 마하가섭존자에게 말씀하셨다.

"나에게 정법을 깨달은 안목과 열반을 체득한 마음이 있다. 그것은 진실하고 영원한 것이지만 형상이 없는 미묘한 법문이다. 이것은 문자로서 성립되지 않기 때문에 교밖에 다르게 전한다. 지혜가 있든 없든 인연이 되면 증득할 것이다."

『무량수경(無量壽經)』에 의하면 '극락세계의 보련화(寶蓮華)에는 백천억 개의 잎이 있고, 그 잎에서는 수많은 광명이 비치며, 하나하나의 빛에서 부처가 나타난다.'고 적고 있다.

『대아미타경(大阿彌陀經)』에는 '목숨이 다한 뒤에 극락세계로 가거나 칠보로 장식된 연화세계에 다시 태어난다.'고 했다.

『화엄경(華嚴經)』에는 향수가 가득한 바다에 거대한 연꽃이 떠 있고, 그 연꽃 속에 비로자나불여래가 사는 화장장엄세계해(華藏莊嚴世界海)가 있다고 한다. 불교 경전에서는 연꽃이 피는 세계를 낙원으로 본 것이다.

이수광의 『지봉유설(芝峰類說)』에는 봉래(蓬萊) 양사언(楊士彦)이 안변 부사로 있을 때 심은 연꽃이 활짝 피었다고 적고 있다. 또 강릉의 함담지에 심어진 연꽃은 해를 걸러 꽃을 피우는 괴상한 연꽃이라며, 연씨는 백 년을 지나도록 상하지 않고 연근은 땅에 버려두어도 죽지 않는다고 했다.

『동국여지승람(東國輿地勝覽)』에 따르면 조선시대에는 전라도 김제와 만경에서 연(蓮), 마름(菱), 순채(蓴)가 많이 난다고 했으며, 실제로 경산과 황해도 연백에서 나는 연실(蓮實)을 토산품으로 치고 있다.

> tip **연꽃의 지혜! 연꽃의 자비!**
>
> ??? 연꽃은 우리 몸 안의 에너지쎈타(차크라)를 나타내는 성스러운 꽃이다. 그래서 인도에서는 백련을 '라지브'라고 하는데 그 뜻은 '신(神)을 낳는 어머니'라는 뜻이라고 한다. 대승불교를 상징하는 연꽃의 생태는 사람들에게 많은 깨우침을 주고 있다.

종자불실 (種子不失)

씨앗은 결코 사라지지 않는다. 연꽃의 씨앗은 500년, 1000년, 3000년이 지나도 썩지 않고 보존되다가 조건이 주어지면 다시 싹이 튼다. 불교의 과거, 현재, 미래의 인과응보가 관계하는 삼세인과(三世因果)의 법칙을 생각하게 한다.

처염상정 (處染常淨)

진흙탕물과 같은 더러운 물에서 피어나지만 그 더러움에 전혀 물들지 않는다. 연꽃은 물의 오염물질을 흡수하여도 자정작용을 통해 양분으로 삼고 산소를 내뿜어 물을 정화한다.

세상에 살면서 세상에 물들지 않고 오염된 세상을 맑히고 향기로운 한 송이 꽃으로 피어나라는 뜻이다.

화과동시 (花果同時)

꽃이 지면 열매가 맺지만 연꽃은 꽃과 열매가 동시에 맺힌다. 그것은 깨달음을 얻고 나서 이웃들을 구제하는 것이 아니라 이기심을 없애고 자비심을 키워서 모든 이웃을 위해 사는 일이 바로 깨달음의 삶이라는 것을 연꽃은 말하고 있다.

연꽃과 수련은 그릇에 따라 자기의 잎과 꽃을 맞춘다. 그릇이 작으면 작게 피고 큰 그릇에 옮겨주면 잎과 꽃도 크게 자라다가 큰 논에 넣어주면 연못을 가득 채워 버린다.

연씨는 스스로 싹트지 않고 반드시 제 몸에 상처를 받아야 싹이 튼다. 아픔으로 성숙해지는 사람처럼 말이다.

🌸 미술작품과 연꽃

한국 미술 속에 등장하는 대표적인 동물이 학, 오리 등의 새라고 한다면, 식물 중에서는 연꽃, 모란, 국화, 매화 등을 꼽을 수 있다.

그 중에서도 연꽃(蓮花)은 그 크기와 색(色)의 아름다움, 향기와 함께 다양한 상징성을 지니고 있어 오랜 시간 동안 다양한 계층과 문화 속에서 모두에게 사랑을 받았다.

불교의 전래와 함께 우리나라에 널리 보급되기 시작한 연꽃은 많은 불교 미술품에서 그 모습을 찾아볼 수가 있다.

불교 미술품에 표현되는 연꽃은 매우 다양하다.

특히 불상의 대좌(臺座)로 사용되는 것은 진흙 속에서도 깨끗한 꽃을 피우는 연꽃처럼 혼탁한 세상에서 오염되지 않고 세상을 구제해주기를 기원하는 의미가 담겨 있다.

각종 도자기나 서화(書畵) 등에서도 다양하게 표현되

고 있는데 주로 선비의 고고함이나 풍요, 다산(多産)과 같은 길상(吉祥)을 의미한다.

부처의 사리(舍利)를 모시는 사리기에 표현된 연꽃은 불법(佛法)을 상징하며, 범종과 풍탁, 금고(金鼓) 등에 장식된 것은 그 은은한 소리가 퍼지는 것이 불법(佛法)이 전파되듯 소리를 듣고도 깨우칠 수 있는 법음(法音)을 뜻하기도 한다.

깨달음과 극락정토 등 불교적 의미를 상징하는 연꽃은 고려시대에 왕실과 귀족의 비호 속에 융성하였던 청자에서 가장 대표적인 장식 소재로 등장한다.

매병이나 병, 접시 등의 다양한 종류에 음각, 양각, 상감 등 갖가지 기법으로 장식되며, 나아가 연꽃 형상의 상형청자(象形靑磁)로도 제작된다.

청자에는 음각으로 연꽃만을

청자음각연화당초문매병〈국보97호〉
몸통에는 연꽃덩굴무늬가 전면에 힘차고 큼직하게 표현 되었다.

표현한 연화절지문(蓮花折枝文)도 있지만 당초문과 결합된 연화당초문(蓮花唐草文) 그리고 회화적인 표현이 뛰어난 연지문(蓮池文) 등이 대표적이다.

고려청자의 뒤를 잇는 분청사기에도 청자의 경우처럼 상감(象嵌)기법의 연화절지문, 연당초문, 연지문 등이 계속된다. 그러나 철화(鐵畵)기법이나 조화(彫花)기법의 경우에는 표현이 보다 자유롭고 추상적이며 연꽃과 함께 물고기나 새들이 그려지기도 한다.

연꽃문양은 조선시대의 백자에도 계속해서 나타난다. 15세기경에 잠깐 나타났던 연화당초문 형식의 상감백자(象嵌白磁)를 제외하고는 주로 18세기 이후 동화(銅畵)와 청화(靑畵)로 장식된 백자에서 찾아볼 수 있다.

백자의 연꽃문양은 동화기법으로 연화절지문을 반추상적으로 표현한 것과 연화당초문 등이 투각된 필통 등이 대표적이다. 청화기법의 경우에는 연지문 등이 민화풍으로 표현되는 경우가 많은데, 이것은 불교적인 의미보다는 다산(多産)과 장수, 풍요 등의 상징적인 의

미를 지니게 된다.

  한편 연꽃은 조선시대 선비들이 가장 애호하는 꽃이 되었다. 선비들은 연꽃의 고고한 형태와 속성을 애호하여 연꽃을 심어, 이를 감상하며 글을 짓고 그림을 그렸다. 회화에 등장하는 연꽃의 모습은 몇 가지 유형으로 나타나는데, 우선 연꽃과 관련된 산수인물화(山水人物畵)나 연정(蓮亭)의 모습 그리고 계회도(契會圖) 등과 같이 연지(蓮池)의 형태로 나타난다.

  다른 유형으로는 화훼초충도(花卉草蟲圖)나 영모화조도 등의 경우처럼 잠자리나 개구리, 물고기, 그리고 다양한 새들이 연꽃과 함께 등장하기도 하는데, 특히 김홍도와 심사정은 정확하고 섬세한 묘사 그리고 아름다운 채색이 특징인 연지수금도(蓮池水禽圖)를 제작하기도 하였다.

  18세기 이후에는 다른 소재 없이 연꽃만을 그린 고운 채색화들이 등장하여 궁중의 장식병풍(裝飾屛風)으로 제작되기도 하였고, 이후 이러한 채색화조화(彩色花鳥畵)의 전

통은 실용적인 생활장식화인 민화(民畵) 화조로 이어져 크게 유행하게 된다.

 민화에서 연꽃은 모란과 더불어 대중에 가장 인기 있는 소재로서, 민화 뿐 아니라 도자기나 금속 장신구, 목가구를 비롯한 각종 생활도구나 직물류 등에 널리 장식되어, 일상생활 속에서도 친숙한 존재가 되었다.

🌸 문학작품과 연꽃

고려 충선왕이 원나라에 머물 때 일이다. 그곳에 정이 든 여인이 생겼는데, 왕이 고려로 환국할 때가 되었다.

이 여인은 왕의 소매를 부여잡은 채따 라나섰다. 왕은 연꽃을 꺾어주며 여인을 돌려보냈지만 날이 갈수록 여인이 그립기만 했다. 때마침 밀명을 받고 원나라에 원의 심복인 이제헌이 특파되어 이 여인을 찾아나섰다. 여인의 행색은 너무나도 초라했으며 먹지도 못하고 말도 못했다. 겨우 붓을 들어 다음과 같은 시를 써주었다.

떠나실 때 주신 연꽃 한 송이
처음에는 붉고 붉더니
오래지 않아 꽃은 시들고
초췌해진 제모습 닮았습니다.

선명한 연꽃이 언제까지나 붉게 피어있을 것 같더니 이제 시들어 초라한 모습으로 남았다. 사람의 마음도 연

꽃처럼 변하고 말았는가. 그리운 님을 만날 수 없음을 한탄하며 한편으로는 원망스럽게 생각하고 있다.

상주에는 연밥 따는 노래〈채련요(採蓮謠)〉가 전해내려 온다.

상주 함창 공갈못에
연밥 따는 저 처자야
연밥 줄밥 내 따 줄게
이내 품에 잠들어 주게
잠자기는 어렵잖소
연밥 따기 늦어 가오

상주의 대표적인 이 노래는 공갈못을 배경으로 연밥 따는 아가씨와 연정을 품은 남정내의 대담식으로 구성되어 있다. 낭만과 시정이 깃든 상주 공갈못은 삼한시대에 축조된 저수지이다.

관계농업용 시설물이며 당시의 뛰어난 토목기술을 보

여주는 유적이다. 《상산지(商山誌)》에 따르면 제방의 길이가 860보이고, 연못의 둘레 16,647척이나 된다고 했다. 수심이 다섯 길이나 되는 연못에 연꽃이 가득 피어 일대 장관을 이루었다고 한다. 매년 여름 연밥이 익을 때쯤에는 부녀자가 연밥을 채취하기 위해 몰려들었고, 가을에 잎이 마르면 연근을 캐서 각종 요리를 만들어 먹었다.

중국의 시인 주자청(朱自淸)은 그의 글 〈하당월색(荷塘月色)〉에서 연의 아름다움을 이렇게 썼다.

"꼬불꼬불한 연못 위를 가득 덮은 것은 넓적한 잎사귀. 수면을 뚫고 고고하게 세운 잎사귀는 무녀(舞女)의 치마. 층층이 포개어진 잎사귀마다 드문드문 빠끔히 얼굴을 내민 하얀 꽃송이가 더러는 교태롭게 피어 있고, 더러는 아직도 부끄러운 듯이 봉오리에 입막음을 하고 있다. 어쩌면 알알이 뒹구는 구슬일까, 아니면 파란 하늘의 별들일까? 아니면 욕실(浴室)에서 지금

막 나온 미인일까? 산들바람이 스치자 몇 오라기 맑은 향기는 마치 먼 나락(奈落)에서 아련히 들려오는 노랫소리 같은 것. 이 때 잎사귀와 꽃 사이엔 조그마한 충동이 일고, 그 소동은 번개처럼 금방 연못 저쪽으로 물결쳐 간다.

서로의 어깨와 어깨를 다정하게 마찰시키던 나머지라 잎사귀 사이엔 금방 파란 물결이 길처럼 환하게 뚫린다. 그리고 잎사귀 아래로는 맥맥히 흐르는 유수(流水). 다만 잎사귀에 가리워 아무런 빛깔을 볼 수 없고 잎사귀만이 풍치(風致)를 보일 뿐.

달빛은 흐르는 물처럼 고요히 연꽃과 연잎에 쏟아지고 있다. 얇디얇은 파란 안개가 연못에서 으스스 일어난다. 잎사귀와 꽃은 어쩌면 마치 우유에다 먹 감은 듯 보얗게 아롱져 있고, 어쩌면 가벼운 면사(綿絲)에 가리운 꿈처럼 몽롱하다.”

중국 강남지방에서는 지금도 연꽃을 딴다. 연꽃을 따는 풍습은 육조(六朝)시대부터 내려온 것으로 여러 시가에도 잘 나타나 있다. 양의 원제가 지은 〈채련부(采蓮賦)〉에는 당시의 풍습을 읽을 수 있다.

여기 선남선녀들이 두둥실 뜬 배에 몸을 싣고
천천히 선수를 틀며 술잔을 기울이네.
살며시 젓는 노에 물풀이 걸리고,
뱃전이 몸을 틀면 마름이 달아나네
가느다란 허리에 감긴 비단 자락.
돌아설 듯 망설일 듯 종종걸음,
봄의 여운을 간직한 지금은 여름,
꽃보다 잎이 향기로운 계절
치마가 젖을까 조심스레 미소짓고,
배가 뒤집힐까 옷고름 여미네.

〈서주곡(西州曲)〉에는

남당에 가을이 깊어 연밥을 따려 해도,
연꽃은 높고 높아 키를 이루었네.

고개를 숙여 연밥을 만지면,
푸른 연밥은 맑은 물이라.

 남향집 마당에 연못이 있고 그 연못에 연꽃이 가득 피어 있다. 때는 초가을이라 연밥이 익어 가고 있어 발길이 더욱 잦아졌다. 때늦게 핀 연꽃은 키를 넘어 우러러 볼 정도다. 발아래 연밥이 있어 손을 뻗었더니 웬걸 물속에 어린 연밥일 줄이야. 하도 물이 맑아 물에 어린 허상을 실제 연밥으로 착각하고 손으로 따려고 했으니 얼마나 멋진 표현인가.

 이처럼 연은 우리나라뿐만 아니라 중국을 포함한 모든 동양권에서 극찬해온 꽃이다. 주렴계가 꽃중에서도 군자의 품위를 지녔다하여 '화중군자(花中君子)' 라고 말했다는 연꽃.

 요즘과 같이 복잡하고 힘든 세상을 살아가다 한번쯤 연꽃을 만나기 위해 시간을 내자. 비록 한순간일지라도 연꽃을 만나고 가는 마음이 군자를 대하고 가는 마음갖기를 바란다.

제2장 연의 종류

연의 종류

  연(蓮)은 뿌리와 줄기는 물속에 있으나 꽃은 주로 수면 위에 떠 있는 심연식물(연, 수련, 가시연 등), 수심 10cm 내외의 물가에 분포하며 연중 물이 고여 있어도 생육이 좋은 수변식물(꽃창포, 부들 등), 수면을 떠다니며 수면 아래로 수염뿌리가 발달한 부유식물(부레옥잠, 개구리밥 등), 식물체가 물속에 완전히 또는 거의 잠겨서 생육하는 수중식물(붕어마름, 물수세미 등)이 있다. 본서에서는 식용 및 약용이 가능한 심연식물인 연(蓮)을 위주로 설명한다. 또한 연으로 혼동하기 쉬운 주변에서 흔히

연꽃

학명 : Nelumbo nucifera Gaertner

과명 : Lotus, 연꽃과

개화 : 6~9월, 백·홍·황색

종류 : 백련, 홍련, 황련

볼수 있는 몇가지 식물을 정리해 보았다.

  학명의 Nelumbo 세일론어로 연못이라는 뜻의 라틴명이다. 또 뒤의 종소명 nucifera는 씨가 단단하다는 뜻이다. 꽃말은 군자, 다산, 행운, 순결, 청정, 고고한 자태, 번영 등이 있다.

  연꽃은 다년생 수초로 잎자루와 꽃자루에 가시돌기가 있고, 잎은 둥근 모양으로 지름이 30~50cm 정도이고, 부엽이 난 후에 선잎이 돋는다. 암술과 수술이 한 꽃 안에 있는 양성화이며 한꽃에 300개 정도의 수술과 40개 전후의 암술 그리고 화탁(花托)으로 구성되어 있고 꽃잎은 백색 긴 타원형으로 한꽃에 대략18~20개의 꽃잎이 붙어 있다.

  한 개의 꽃봉오리가 꽃이 피어있는 기간은 불과 3일간이며 4일째가 되면서부터 잎이 떨어지기 시작하여 지게 된다. 수정 후 10~15cm 크기의 연밥이 생기고 그 안에는 15~25개의 검은색 씨가 들어 있으며 잘 익은 종자의 수명은 약 500년 정도이다.

  우리나라 연의 자생지는 동쪽에는 홍련지가 많고 서쪽에

는 백련지가 분포되어 있어 이를 홍동백서(紅東白西)로 표현하기도 하지만, 대부분 홍련지이며 백련지는 그다지 많지 않다. 그동안 백련은 스님과 유학선비들의 연못에 재배되어 오다 80년대 이후 연의 관심과 더불어 최근에 와서 백련에 대한 관심이 더욱 높아지고 있다.

홍련

홍련은 재래종으로 꽃잎은 붉거나 자줏빛이다.

홍련은 꽃송이가 아주 커서 활짝 핀 꽃잎의 크기가 한 자가 넘는 것도 있다. 그렇게 큰 꽃을 간직한 대궁이 수면 위로 고개를 한껏 치켜세워 커다란 꽃봉오리를 터트린다.

백련

인도와 이집트가 원산지인 백련(白蓮)은 7~9월 사이에 하얀 꽃을 피우는데 일시에 피지 않고 석달 동안 계속해서 피고진다. 우리나라 연은 붉은 꽃을 피는 홍련이 대부분이고 흰꽃을 피는 백련은 매우 귀하다.

황련

글자 그대로 노란색 꽃을 가진 귀한 연이다. 백련의 잎이 청초하다면 황련의 잎은 도도하다.

수련

학명 : Nymphaea tetragona var. angusta Casp.

과명 : Water lily, 수련과

개화 : 5~8월, 백·홍·황·자색

종류 : 백련, 홍련, 황련

수련은 다년생 수초로 땅속줄기는 굵고 짧으며, 수염뿌리가 많다. 잎몸만 물 위에 뜨는 긴 잎자루는 둥근 말발굽 모양으로 뒷면은 검은 자주색이고 지름은 약 5~12cm이다. 뿌리줄기는 물 바닥으로 뻗어나간다.

잎은 길이 12cm가량으로, 뿌리에 한데 모여 나며, 말굽 모양이고 암자색이다. 7~9월에 흰 꽃이 꽃자루 끝에 한 송이씩 피는데, 대개 3일 간씩 폈다 졌다 하고, 아침에 피고 오후에는 오그라든다.

꽃이 지면 꽃자루는 굽어져서 물속에 들어가고, 그 끝에 열매를 맺는데 삭과이며, 그 속에서 검은색 씨가 물속에 떨어져서 번식한다.

수련은 못이나 늪에 절로 나며 우리나라 중부이남 및 일본 등지에 분포한다. 이 밖에 개량종으로 붉은 꽃, 푸

른 꽃, 노란 꽃 등의 여러 종류가 있다. 속명(屬名) Nymphaea는 그리스·로마신화에 나오는 물의 여신 Nympha의 이름에서 유래되었다.

수련의 종류만큼이나 그 색깔도 매우 다양하다. 그 수는 수백 가지에 이르며 그중 거의가 원예품종이다. 일본, 시베리아, 북아메리카, 유럽, 오스트레일리아 등 분포지역도 넓다. 열대지역이 원산지라 우리나라에서 자라지 못하는 품종도 많다고 한다.

수련이란 이름에는 '잠자는 꽃(잠잘, 睡)'이란 뜻이 들어 있다. 수련은 밤이면 꽃잎을 모두 닫아버린다.

정오쯤 피었다가 저녁때 오므라든다고 해서 자오련(子午蓮)이란 이름도 있다.

tip 연꽃과 수련은 어떻게 다를까?

연꽃과 수련의 다른 점은 잎에 있다. 수련은 잎이 갈라져 있고 꽃이 물 위에 둥둥 뜨며 바로 핀다. 그러나 연꽃은 잎이 갈라져 있지 않고 둥글며 꽃대가 올라와 꽃이 핀다. 수련 잎이 물 위에 뜰 수 있는 것은 줄기와 잎에 공기를 머금는 구멍이 있기 때문이다. 수련 잎은 접시처럼 둥글며 조금씩 갈라져 있다. 어떤 잎은 갈라진 부분이 마치 삼각케이크 같다. 연꽃 잎은 약간 까슬까슬하며 수련 잎은 반질반질하다. 연꽃은 모든 부위를 거의 먹지만 수련은 관상용에 가까운 식물이다.

수련

연꽃

가시연꽃

학명 : Euryale ferox Salisbury
과명 : Prickly water lily, 수련과
개화 : 7~8월, 보라색

　가시연꽃은 전 세계에서 오직 1속 1종만 있는 귀한 식물이다. 1년생 수초로 잎이 타원형이고 긴 자루가 붙어 있어 물위에 뜨고 지름은 20cm~2m에 이른다.

온몸에 가시가 있으며 잎은 뿌리엥서 나오며 수상엽은 둥근 방패형으로 표면은 주름지고 광택이 나며 뒷면은 흑자색이고 맥이 두드러진다.

 7~8월에 가시가 돋은 긴꽃대가 자라서 끝에 지름 4cm의 보랏빛 꽃이 1개 더 달리고 (낮에는 피고 밤에는 오므린다) 꽃받침은 4장이고 녹색이며 밑부분은 통형이다. 공 모양의 열매는 약용하고 땅속줄기는 식용한다. 연못에서 자라는데 경기이하의 남부지방에 분포한다.

 자양과 보신의 식물로서 단백질, 탄수화물, 칼슘, 철등을 함유하고 있어 영양 가치가 매우 높다.

어리연꽃

학명 : Limnanthemum cristatum Griseb
과명 : Water snow-flake, 용담과
개화 : 6~8월, 백색 바탕에 중심부는 황색

어리연꽃은 다년생 수초로 뿌리는 수염 모양이고 원줄기는 가늘다. 주로 못이나 도랑에 나며 연과 비슷하다. 진흙 속에 뿌리를 박고 긴 잎자루 끝에 1~3개의 잎이 달리며 잎은 물 위에 뜬다. 잎은 부엽이고, 잎자루는 1~2cm, 둥근 심장형으로 지름 7~20cm이다. 유사종으로 노랑어리연과 작은좀어리연이 있다.

개연꽃

학명 : Nuphar japonicum DC.
과명 : Yellow pond lily, 수련과
개화 : 6~8월, 황색

개연꽃은 다년생 수초로 근경은 굵으며 옆으로 뻗는다. 잎은 땅속줄기 끝에서 무리지어 나오는데 물속에 잠겨 있는 잎은 길고 좁으며 잎 ㅋ가장자리가 파도 모양이지만, 물 위로 나온 잎은 긴 타원형이고 잎 밑은 움푹 들어갔으며 잎 가장자리는 밋밋하다. 꽃도 잎이 나오는 땅속줄기 끝에서 나온 꽃자루 끝에 한 송이씩 8~9월에 노랗게 핀다.

열매는 물속에서 초록색의 장과(漿果)로 익는다.

한방에서는 가을에 갯솜처럼 생긴 땅속줄기를 캐서 말린 것을 천골(川骨)이라고 하는데 피를 멈추게 하는 효과가 있어 산전·산후에 쓰거나 뼈가 부러져 다쳤을 때 먹는다. 노란색 꽃이 보기 좋아 뜰에 만든 연못에 심기도 하며 강·못·늪 등의 얕은 물속에서도 자란다.

이와 비슷한 식물인 왜개연꽃(N. pumilum)의 잎은 물 위에 떠 있다.

연의 분류

1. 지역

아시아연(Nelumbo nucifera) : 한국, 일본, 중국, 대만, 태국, 필리핀, 인도, 호주, 이집트, 키스피해 볼가 삼각주 등 자생하는 백련, 홍련

북아메리카연(Nelumbo lutea) : 미국 동부, 중부 그리고 캐나다 남부지방에서 자생하는 황련(미국황연)

2. 꽃색깔

백련 : 꽃잎 전체가 흰색의 연꽃

홍련 : 꽃잎 전체가 다홍색의 연꽃

황련 : 꽃잎 전체가 황색의 연꽃

반련 : 꽃잎에 분홍색과 보라색의 얼룩이 들어가는 연꽃

황홍연 : 희미한 황색의 꽃잎의 첨단이나 인연에 다홍색이 들어가는 연꽃

도련 : 꽃잎 전체가 다홍색보다 얇은 복숭아색의 연꽃

매니큐어 : 계통 꽃잎의 첨단이나 인연이 홍색인 연꽃

〈일본〉

3. 꽃크기

	일본	중국
대형종 꽃의 직경	26 cm이상	20 cm이상
중형종 꽃의 직경	16~25 cm	13~19 cm
소형종 꽃의 직경	15 cm이하	7~12 cm이하

4. 꽃잎수

	일본	중국
홑꽃 꽃잎수	30매 이하	21매 이하
반겹꽃 꽃잎수	31~50매	22~50매
겹꽃 꽃잎수	51매 이상	51매 이상

재배조건에 의해 약간의 차이를 보일 수 있다.

〈출처 www.lotusvillage.co.kr〉

제3장 연과 연꽃차

연차와의 만남

'여름에 연꽃이 처음 필 때, 아침이면 피어나고 저녁이면 오므라든다. 운이는 작은 비단 주머니에 엽차를 조금 싸서, 저녁에 화심(花心)에 놓아두었다가 다음날 아침에 이것을 꺼내서 샘물을 끓여 차만들기를 좋아했다. 그 차의 향은 유난히 좋았다.'

청나라 건륭(乾隆)때 심복(沈復)의 자서전 『부생육기』에 나오는 중국 역사상 가장 지혜로운 여인이라는 '운(芸)이의 연화차' 이야기이다.

가난한 선비의 아내로 좋은 차를 구하지 못한 운(芸)이는 연꽃 속에 차를 넣어 그 향을 배게 하였다. 새벽 첫 샘물로 우린 세상에서 오직 하나뿐인 사랑과 정성 그리고 지혜가 돋보이는 차, 연화차(蓮花茶).

요즈음 이 차의 향기가 세속에 찌든 현대인들의 몸과 마음을 청량하게 하고 있다. 아침 해가 떠오를 때 연꽃을 따서 그 안에 차를 넣어 잘 봉한 후 냉동한다.

그 옛날 한 여인의 지혜가 세월의 힘을 빌어 꽃 채로 다가와 우아한 자태와 은은한 향으로 다시 떠오른 것이다.

연의 모든 부위는 차로 음용이 가능하다. 꽃잎에 차를 넣은 **연꽃차**와 차에 연향을 배게 한 **연향차**, 연잎과 줄기를 썰어 말린 **연잎차**, 연근을 말려 가루 낸 **연근차**, 연자가루로 만든 **연자차** 등이 있다. 그 자태에서 느껴지는 맑고 아름답고 그윽한 향이 한여름 무더위를 지나온 강인한 짙푸름으로 탄생한다.

연꽃은 절이나 찻집에서는 주로 향(香)차로 쓰인다. 찻잔에 연꽃 한 송이 띄워 그 향을 음미하며 차를 마시면 좋다. 스님들이 연차를 늘 마시는 것은 연이 마음을 진정시키는 효과가 있어 수행 정진에 도움이 되기 때문이라고 한다.

---

tip 연꽃의 감상 포인트

해뜨기 1시간 전후가 절정

연꽃은 새벽녘 해뜨기 1시간 전에서 해 뜬 후 1시간 사이가 가장 아름답다. 이 시간엔 향기도 더할 뿐 아니라 햇빛에 시들해지지 않아 생생한 자태를 볼 수 있다. 연꽃은 7월 초에서 8월 사이에 만개한다.

현대인과 연차(蓮茶)

차는 물(水)이다. 현대인이 먹는 기름기 많고 거칠고 자극적인 음식을 다스리며 체내의 독을 없앤다. 이러한 과정은 인체의 기의 흐름을 물처럼 자연스럽게 만들어 준다.

연(蓮)은 현대에 다시 각광 받기에 충분히 가치 있는 식물이다. 예로부터 심신을 맑게 한다고 알려진 연이 최근 들어 그 수요가 점차 늘어나고 있다. 향긋하고 감미로운 연잎차는 현대인들에게 무공해 청량수와 같은 삶의 쉼표를 선사한다. 현대인이 가장 무서워하는 성인병과 정신의 안정에도 효과가 있으며 피부건강에도 매우 좋다. 연잎 삶은 물에 목욕을 하면 피부가 고와지고 피부병에도 효과를 볼 수 있다.

연잎차는 스트레스와 함께 흡연과 음주를 많이 하는 사람들의 마음을 편안하게 하고 입 냄새와 니코틴을 제거하는 효과도 있다. 또한 피를 맑게 하며 갈증을 해소하기 때문에 숙취해소에도 도움이 된다.

연차 만들기

1. 꽃차

- 백련향차

백련향차는 하얀색의 순백색 연꽃을 60도의 따뜻한 물에서 우려내어 마시는 차이다.

흰 연꽃은 예로부터 귀하여 보는 것조차 쉽지 않았다. 백련향차의 특징은 향기가 강하며 차 맛이 달고 마음을 편하게 해준다. 연지에 띄워 놓은 흰 연꽃은 보는이들로 하여금 천상의 아름다운 선녀가 하강한 듯한 아름다움을 느끼게 한다.

백련향차 한 모금 입에 머금으면 입을 다물게 된다 해서 '묵언(默言)차'라고도 한다. 입안에 든 향기 퍼트리는게 아까워 그만 입을 다물어 버리다니, 참 밉지 않은 소박한 욕심이다.

백련(白蓮)은 열매, 잎, 꽃, 뿌리 어느 것 하나 버릴 것이 없는 아주 귀한 식물이다. 꽃은 흰색이며, 향기는 어느 누가 맡아도 은은함을 느낄 수 있다.

채취 시기는 7월 중순부터 9월초까지 핀 꽃을 채취하며 백련 꽃송이가 향이 충만한 적기에 따야 한다.(기후에 따라 변화가 있을 수 있음) 채취는 향이 가장 은은할 때 꽃줄기에서 20~30cm 정도 자르고, 해 뜰 무렵이 적당하다.

- 홍련향차

홍련향차는 맑은 연못에서 채취한 붉은 연꽃을 60도의 따뜻한 물에서 우려낸 차이다.

홍련은 우리나라에 많이 핀다. 그러나 차로 마시기 위해서는 공해가 없는 맑은 물에서 핀 연꽃이어야만 한다. 홍련향차는 맛이 은은하고 순하며 연지에 담긴 홍련의 자태는 강렬한 매력을 발하는 아름다운 여인을 연상시킨다.

- 연꽃향차

『부생육기』에서 운이의 연꽃차는 저녁 연꽃송이가 움츠릴 때, 차를 넣은 비단주머니를 꽃심에 놓아 별빛, 달빛과 이슬을 머금게 한 후, 아침 해가 처음 떠오르며 꽃봉오리가 필 때 비단 주머니를 꺼내어 차를 달였다고 한다.

백련과 홍련을 사용하는데 60도의 따뜻한 물에 우려내는 것이 꽃의 싱싱함을 보존하여 여러 번 우려낼 수 있다. 또 냉수로 우려낸 경우에도 향이 좋다. 연꽃향차는 보통 꽃 한 송이로 7~8명이 2번 정도 우려내어 즐길 수 있으며, 다 우린 연꽃은 냉장고의 물통에 넣어두면 계속해서 연꽃향이 나는 연향차를 마실 수 있다.

연꽃 속에 연잎차를 넣고 하루 지난 후 꺼내어 우려마신다. 백련이나 홍련꽃 속에 연잎을 넣고 하루 정도 두었다가 꺼내면 연잎차에 연꽃향이 배게 된다.

이를 꺼내어 온수에서 우려내어 마시면 연꽃차를 마시는 것처럼 진한 연향을 즐길 수 있다.

연꽃향차 만드는 법

〈재료〉: 연꽃 한 송이(백련), 연잎 한 장, 연잎차 30g

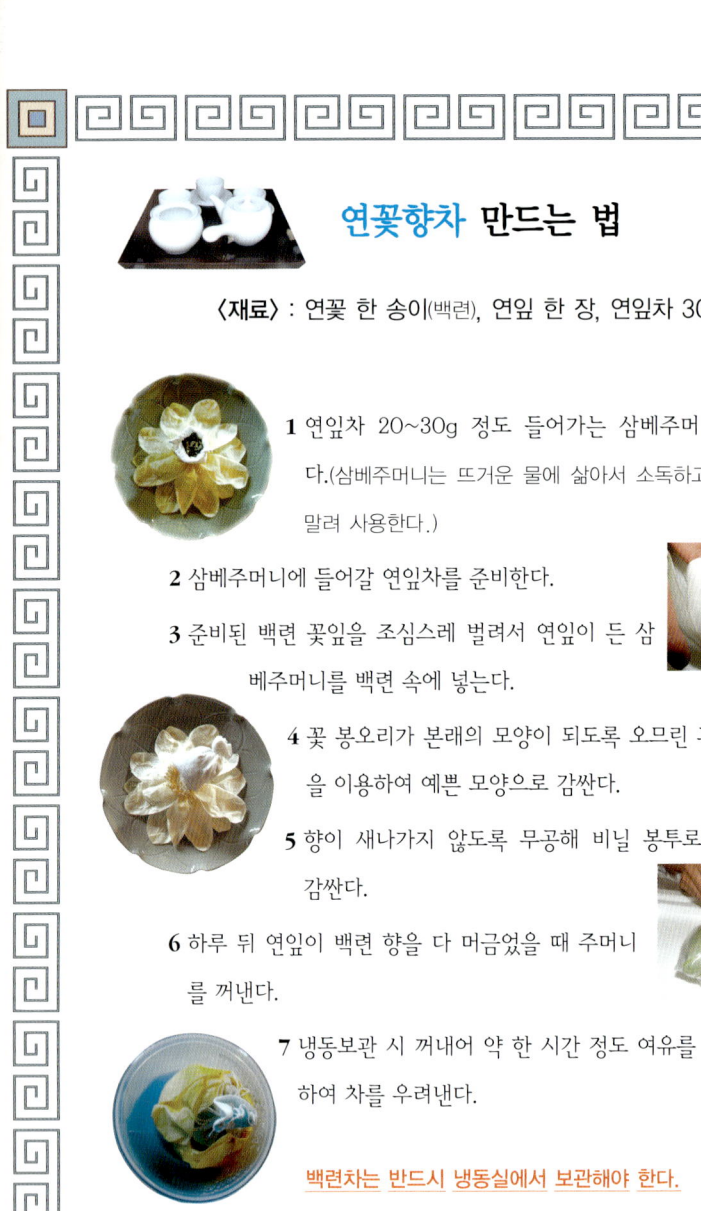

1 연잎차 20~30g 정도 들어가는 삼베주머니를 만든다.(삼베주머니는 뜨거운 물에 삶아서 소독하고 그늘에서 말려 사용한다.)

2 삼베주머니에 들어갈 연잎차를 준비한다.

3 준비된 백련 꽃잎을 조심스레 벌려서 연잎이 든 삼베주머니를 백련 속에 넣는다.

4 꽃 봉오리가 본래의 모양이 되도록 오므린 후 삼베 실을 이용하여 예쁜 모양으로 감싼다.

5 향이 새나가지 않도록 무공해 비닐 봉투로 조심스레 감싼다.

6 하루 뒤 연잎이 백련 향을 다 머금었을 때 주머니를 꺼낸다.

7 냉동보관 시 꺼내어 약 한 시간 정도 여유를 갖고 해동하여 차를 우려낸다.

백련차는 반드시 냉동실에서 보관해야 한다.

tip 연꽃향차인가 녹차인가?

??? 삼베주머니에 들어가는 차는 반드시 녹차가 아닌 연잎차를 넣어야 한다. 시중에서는 녹차를 넣는 경우가 많다. 이 경우 연꽃차도 아닌 녹차도 아닌 차가 되어 버린다. 연향만의 그윽함을 느끼기 위해서는 반드시 연잎을 이용해야 한다.

2. 잎차

- 연잎향차

여름이 지나 가을로 접어들면서 연꽃은 점점 적게 피고 연잎도 누런빛을 띄기 시작한다. 그때가 연잎차를 만들기에 가장 알맞은 시기이다. 자연의 기운을 흠뻑 머금고 자라난 신선하고 깨끗한 연잎만을 손으로 직접 따서 여러 번 덖고 비비고 말려 은은한 향과 맑은 색이 나도록 한다.

연잎향차는 공복에 마셔도 부담이 가지 않는 차로 겨울에는 따뜻하게, 여름에는 연하게 우려내어 차게 보관하여 식수처럼 마셔도 좋다. 연잎향차는 홍백련꽃의 싱싱한 잎과 줄기를 3㎜ 정도로 잘게 썰어 말린 후 불에 볶아 향과 맛을 조절하여 만든다. 이때 전통방법으로 법제한 잎차는 연꽃향이 그대로 베어난다.

연잎에는 알칼로이드와 플라보노이드, 탄닌, 비타민 B_1, B_2, 비타민C 등이 들어 있어 피를 맑게 하고 술독을 풀어주며, 구취와 니코틴 제거, 갈증과 산후 갈증, 피부

미용에 효능이 있다. 연잎의 채취는 매년 7~8월이 가장 적합하다.

연잎은 천연방부제 역할을 한다. 모든 음식에 연잎을 넣으면 연 특유의 발효성분이 방부제 역할을 한다.

그래서 음식이 빨리 상하지 않고 오래 보관할 수 있다. 하지만 다른 차는 며칠만 지나도 썩는다. 이러한 연의 신비함은 자랄 때부터 그 고유한 특성이 채취 후에도 지속적으로 남아있는 것이다.

연의 정화작용과 순환작용이 연못을 떠난 연의 잎에

도 작용하는 것이다. 이러한 정화작용은 잎을 덖어 차로 그 형태가 전환된 후에도 계속 유지된다.

연잎의 절단 부위에서는 젖처럼 하얀 수액이 계속 흘러나온다. 그 맛을 보면 매우 쓰며 약간 비릿한 냄새가 난다. 인삼에 많이 함유된 사포닌(saponin) 성분이다. 사포닌은 중추신경의 흥분과 피로를 해소시키며 체력을 증진시킨다.

연 채취방법

아침에 피었다 저녁에 지는 연꽃은 3일간 핀다. 4일째 되는 날부터는 지기 시작한다. 그중 차(茶)로 쓰이는 연꽃은 2일째 되는 날에 채취한다. 그때가 가장 아름답고 크게 만개했을 때이다. 연못에 나가 벌의 움직임을 보아도 쉽게 알 수 있다. 채취시간은 해 뜰 무렵이 가장 좋다. 밤새 향을 머금고 막 피어난 아침이슬과 함께 맞이하는 연꽃은 따기가 안쓰러울 정도로 그 아름다움을 발한다.

1. 첫날 아침 햇살과 함께 조그만 봉오리가 고개를 든다.
2. 이틀째 되는 날이 향이 가장 좋다.
3. 3일째부터 서서히 지기 시작한다.
4. 꽃잎이 모두 떨어지고 나면 (연방)만 남는다.

차를 만들기 위한 연잎은 재배지보다는 논이나 방죽에서 자라난 자연 상태의 연잎이 좋다. 반드시 아침에 채취하며 가을단풍이 들기 전까지는 채취는 끝내야 한다.

tip 연잎채취시 주의점

??? 연잎을 채취할 때 줄기에서 바싹 자르면 안 된다. 보통 가위로 자르는데, 이때 약 5cm 정도를 남기도록 한다. 바싹 자르면 줄기를 통해 공기가 들어가 연뿌리를 상하게 할 수 있다.

 # 연잎향차 만드는 방법

1.연잎 채취

-깨끗한 연잎을 채취한다.

-연잎은 너무 어리거나 너무 오래된 잎보다는 적당하게 자란 잎 중에 병반이 없고 상처를 받지 않은 잎이 좋다.

2.연잎 세척

-연잎을 깨끗한 물에 씻는다.

-연잎 가장자리에는 이물질이 많기에 신경을 쓴다.

-특히 앞면 보다는 뒷면을 깨끗하게 씻은 후 마른 수건으로 닦는다.

3.연잎 썰기

-물기를 털어 약 3mm 간격으로 잘게 썬다. 모양을 위해 이때 너무 두껍게 썰지 않도록 한다.

-썰 때 너무 굵은 잎맥은 가려낸다.

-너무 길게 썰면 덖을 때 불편하므로 적당하게 썬다.

4.연잎 말리기

-그늘에서 하루 정도 말린다.

5.연잎 덖기

-바닥이 두툼한 가마솥에 넣어 10분가량 약 3번 정도 덖는다.

-불이 너무 강하면 밑에 있는 잎이 탈 수 있으므로 주의한다.

-잎이 적당히 덖어지면 멍석에 쏟아 손으로 문지르고 비벼준다.

6.연잎 보관

습기가 안 차게 보관 용기에 밀봉한 후 냉장보관 한다. 오래 보관을 할 때는 냉동 보관을 한다. 꽃향기가 너무 진하면 차 맛이 떨어지므로 이 땐 다른 차와 섞으면 된다.

연잎차 우려내어 마시기

보통 차와 같이 연잎을 차 주전자에 넣고 우려내어 마신다.

연잎차 끓여 마시기

물 1~1.5리터에 연잎차 2스푼을 넣고 약한 불에 20분 정도 은은하게 끓이면 눈에 띄게 색깔의 변화가 일어나며 황토색으로 변한다. 이때 마시는 것이 가장 향도 좋고 맛도 좋다.

-연잎가루차 (연말차)

연잎가루차는 연잎을 채취하여 곱게 빻아 연잎가루차로 사용할 수 있다. 말린 연근을 이용할 수도 있다. 차로 끓이거나 밥을 지을 때 함께 넣어 먹어도 좋으며 특히 마사지(얼굴팩)용으로 사용해도 좋다.

3. 기타 차

- 연근차

연근차는 맛이 담백하여 비위가 약한 사람에게 적합하다. 주로 자양강장과 각종 출혈증상에 좋다.

연근차 만드는 법

〈재료〉: 연근 반 뿌리, 물 300ml

1. 연근을 물에 깨끗이 씻어 물기를 빼고 적당한 크기로 썬다.
2. 차관에 재료를 담고 물을 부어 끓인다. 물이 끓으면 약한 불로 줄여 10~15분 정도 더 끓인다.
3. 찻물만 따라내어 수시로 마신다.

- 연자차

연자에는 그 효능이 매우 다양하여 정신을 맑게 하고 몸을 튼튼하게 하며 양기를 보해 정력을 증강시키고 식욕을 돋게 하며 눈과 귀를 밝게 한다.

연자차 만드는 법

늦가을이나 초겨울에 연자를 채취하여 1~2일간 물에 불려 두었다가 껍질을 벗기고 씨를 뺀 연자육만 남긴다. 이 연자육을 잘 쪄서 말린 다음 가루로 만들거나 은근한 불에 노랗게 볶은 뒤 가루내 매일 식간에 뜨거운 물에다 한 숟가락씩 넣고 꿀이나 설탕으로 단맛을 내어 마신다.

연꽃차 마시기

너무 강하지 않고 질리지 않는 은은한 향으로 언제나 편안함을 주는 연꽃차, 카페인을 함유하지 않아 언제든 부담없이 마실 수 있다. 혼자서는 마시기 어려운 차라 더욱 더 즐거운 차. 꽃 한 송이에 7~8명이 함께 할 수 있다. 연지에 꽃 한송이 놓고 뜨거운 물을 부으면 서서히 물의 열기로 향은 퍼져만 나간다.

- 차와 물

물이 좋아야 차 맛이 좋다.

다신전(茶神傳)에 보면 "茶(차)는 물의 신이요, 물은 차의 체(體)여서 좋은 물(眞水)이 아니면 그 신이 나타나지 않는다."고 했다. 이는 차와 더불어 물의 중요성을 강조하는 것이다. 물은 차를 우리는데 가장 중요한 요소이다. 물에 의해 차 맛이 천차만별이며, 심지어 좋고 나쁨의 등급까지 결정된다 하여 많은 다인들이 좋은 물을 구하기 위해 많은 노력을 한다.

예로부터 물의 팔덕(八德)이라 하여 다음과 같이 전해온다. 가볍고, 맑고, 시원하고, 부드럽고, 아름답고, 냄새가 나지 않고, 비위에 맞고, 먹어서 탈이 없는 것을 지칭한다.

-좋은 찻물 선택하기

차를 마심에 있어 많은 이들이 차의 우열만을 가리기에 급급한 채 차를 어떤 물에 우려내어 마실지는 생각조차 하지 않는 경우가 많아 잠시 물의 중요성을 강조했다. 차(茶) 학계에서는 많이 이들이 간편하게 구분할 수 있도록 물의 종류를 제정하기도 하였다.

가장 좋은 찻물은 무색(無色), 무미(無味)한 맑고 가벼운 물이다. 탄산가스나 유황성분이 많은 약수와 같은 물은 차의 본연의 맛을 잃게 하므로 적합하지 않다. 필자는 차를 위해 300m 지하 암반수(생수)를 사용한다.

제4장 연의 효능

연차의 효능

 연은 그 어느 것 하나 버릴 것이 없다. 연꽃은 물론 잎과 뿌리, 열매 모두 식품과 약재로 사용이 가능하다. 필자는 연을 키우고 차를 만드는 과정에서 연이 지니고 있는 다양한 효능과 그 활용방법을 무수히 발견하고 직접 체험했다. 권말 〈**부록**〉으로 마련된 각종 체험담을 통해 연의 우수한 효능을 함께 나눌 수 있기를 바란다.

〈연꽃차〉와 〈연잎차〉는 건강에 매우 좋다. 이러한 연꽃의 효능은 각종 옛 문헌들을 통해서도 여러 차례 다루어졌다.

"오래도록 마시면 늙지를 않고 흰머리가 검게 된다.

(본초십유)

"혈을 잘 순환하게 하고 어혈을 제거한다."

(산동중약)

장복하면 사람의 마음을 맑게 하고 기분을 좋게한다.

(명의별록)

"오래도록 마시면 인체의 온갖 병을 낫게 하고 몸을 좋게 한다. (동의보감)

이처럼 옛부터 극찬한 연차는 아름다운 꽃을 피워 마시는 이들을 즐겁게 하고 찻잔에 띄우면 그 은은한 향기가 마음을 편안하게 한다. 무더운 여름날 잠시 왔다 가는 연(蓮)은 그 짧은 시간 동안 정말 많은 것을 인간에게 주고 떠난다.

연의 주요 성분과 약리작용

1. 연잎(하엽, 荷葉)

생김새 : 잎은 원형의 큰 잎이 뿌리줄기에서 나와 잎자루가 길며 지름은 40cm 내외의 둥근 방패모양으로 가장자리가 밋밋하고 매끄럽다. 잎은 수면에 뜨기도 하지만 수면 위로 솟아올라 전체의 길이가 1~2m나 자란다.

잎자루는 잎 뒷면의 중앙부에 달리며 날카로운 가시가 돋아나 있어서 맨살에 스치면 살갗이 찢어질 정도이다. 연녹색의 잎은 물에 젖지 않으며 잎맥은 방사상으로 뻗어 있다. 뿌리줄기는 굵고 옆으로 뻗으며 마디가 많고, 흰색이며 가운데에 공동이 있다.

맛과 성질 : 맛은 쓰고 떫으며 성질은 평하다.

최근에는 연잎을 이용한 음식, 차, 음료 등이 개발되어 상용화 되어가고 있다.

- 잎의 효능

지혈 및 지사제 : 잎을 '하엽'이라고 하며 예로부터 폐열 증상인 가슴이 답답하면서 입안이 마르고 갈증이 나는 번갈증(煩渴症)이나 갈증에 주로 이용해왔다.

또한 코피와 혈변, 월경과다, 부정출혈 등의 지혈제로 쓰며, 민간에서는 야뇨증에도 쓴다. 특히 출산 후 몸이 붓고 나쁜 피가 나오지 않을 때 달여서 마시면 불순물을 제거하는 효과가 있다. 만성결장염, 위장기능실조에 따른 설사에도 효과적이다.

강정효과 : 미녀의 대명사로 쓰이는 둥글고 큰 연잎을 '부용(芙蓉)'이라 한다. 그 이유는 잎이 깨끗하기도 하지만 연잎이 피부미용에 좋기 때문이다.

고대 일본의 결혼식에는 연밥요리가 나왔다고 한다. 이는 강정효과가 있는 연잎으로 죽을 쑤거나 술이나 차를 만들면 정력증강에 효과가 있기 때문이다.

- 잎줄기 꼭지의 효능

'하엽체'라 하는데 주로 이질이나 임산부의 태동불안으로 출혈기미가 있을 때 쓴다. 청서거습(淸暑祛濕), 화혈(和血), 안태(安胎)의 효능이 있다.

성분 : 연잎은 체내의 삼투압 조절과 항체의 형성능력, 간 해독작용 등을 높이는 기능과 철분이 많아 유아, 사춘기소녀, 임산부의 빈혈예방에 많은 도움이 된다. 천연항산화제인 비타민E는 노화방지와 불임을 예방한다.

필수아미노산인 히스티딘과 아르기닌은 특히 어린이와 회복기에 있는 환자에게 매우 좋다. 플라보노이드 화합물은 항균작용과 혈압강하작용을 하며, 소화기관을 튼튼하게 한다. 다량의 레시틴은 치매를 예방한다.

기타 : 연잎으로 쌈을 싸 먹기도 하고 찹쌀을 누룩으로 버무려 연엽주를 담그기도 한다.

[연잎의 영양분석표 〈기준 : 가식부100g〉]

에너지(kcal)	34
수분(%)	87.37
단백질(mg)	4.41
지질(mg)	0.32
섬유질(mg)	1.80
회분(mg)	2.24
인(mg)	61.07
철(mg)	5.30
나트륨(mg)	-
비타민(mg)	59.87

2. 연화(蓮花, 연꽃)

생김새 : 연꽃은 7~8월에 뿌리에서 꽃줄기가 나와 줄기 끝에서 15~20cm의 꽃이 한 송이 핀다. 주로 흰색과 홍색이 피며 이외에도 황색과 청색이 있다.

꽃받침은 4~5조각이며 황색으로 소형이며, 꽃잎은 여러 개로 타원형이다. 과실(연실)은 견과로 타원형이며 검게 익는다.

꽃은 아침에 피었다가 저녁이면 오므라든다. 이렇게 며칠을 반복하는 동안 꽃이 수정되면 꽃잎이 처지고 이어서 한 장씩 떨어진다. 꽃잎이 지는 모양을 자세히 보면 먼저 녹색의 꽃받침이 떨어진다. 그 다음 꽃잎은 오래도록 남아 있다가 밑에서부터 한 장씩 떨어져 버리고 암술머리만 남게 된다. 연꽃의 암술머리는 유난히 크다. 처음에는 위를 보고 꼿꼿이 서지만 씨가 익어가는 동안 고개를 숙이고 종자가 완숙할 때쯤엔 완전히 밑을 향한다.

맛과 성질 : 맛은 쓰고 달며 약성은 따뜻하고 약간의 향기가 있다.

- 연꽃의 효능

활혈, 지혈, 지사, 이뇨작용 : 예로부터 연꽃은 낯빛을 곱게 하며, 몸을 가볍게 하고, 더위 먹은 것을 풀고, 주독을 제거한다고 했다. 또한 혈액순환을 원활히 하고 습기와 풍기를 몰아낸다. 연꽃의 수술은 '연예' '연수' 또는 '불좌수'라고 하며 마음을 맑게 하고 지혈효과가 뛰어나다. 새벽이면 하는 설사, 대하증, 활정, 몽정 및 조루, 몽유, 활정을 치료하고 소변이 저절로 흘러나오는 유뇨나 빈뇨 또는 코피, 자궁출혈에 등에 효과가 있다.

꽃봉오리를 6~7월에 채취하여 차로 끓여 마신다.

- 연꽃줄기의 효능

청열(淸熱), 해서(解暑), 이뇨(利尿)시키는 효과가 우수하다.

성분 : 독이 없는 백련의 꽃술을 옛부터 대단한 약재로 썼는데 누시페린을 함유하고 있어 유정, 대하, 빈뇨에 효과적이다.

이러한 연꽃은 면역성을 높여주고 질병을 예방하여 장기간 마시거나 꾸준히 먹으면 자연스럽게 우리들의 몸과 마음을 다스려준다.

3. 연근(蓮根)

한방에서는 연근을 우절(藕節)이라 부른다. 연의 근경 마디를 잘라 깨끗이 씻어 건조하여 사용한다.

생김새 : 뿌리줄기인 연근은 굵고 옆으로 뻗으며 마디가 많고, 흰색이며 가운데에 공동이 있다.

뿌리줄기는 진흙 속을 기는데, 끝부분은 살이 쪄서 크고 두툼하여 연뿌리가 된다.

연뿌리는 둥근 막대형으로 뿌리가 아니라 땅속줄기이며 마디마디로 연결되어 있어서 다른 식물 뿌리와는 그 생김새가 확연히 구별된다. 보통 13~14가량의 구멍이있는 연뿌리는 마디에 가까워질수록 구멍은 점점 가늘어지고 마디의 가운데는 나무처럼 단단하여 쉽게 부러지지 않도록 되어 있다.

맛과 성질 : 연근은 맛이 달고 성질이 차다.

- 연근의 효능

연근을 날것으로 쓰면 청열(淸熱), 양혈(凉血), 해독(解毒), 산어(散瘀)의 효능이 있다. 삶아 익혀서 사용하면 건비(健脾), 개위(開胃), 익혈(益血), 생기(生肌), 지사(止瀉)의 효능이 있다. 쉬운 예로 날것으로 먹으면 열을 내리고 번열과 갈증을 풀어 준다. 그래서 성장기 어린이들이 쉽게 피로를 느끼거나 몸이 약해서 코피를 흘리면 연뿌리를 갈아 먹인다. 반면에 익혀서 먹으면 위 기능을 좋게 하여 소화력이 향상되고, 텁텁한 맛이 있어서 설사를 그치게 한다.

산어작용 : 연근으로 차를 만들거나 죽을 쑤어 먹으면 순환이 정체된 어혈이 풀린다. 연근정과나 연근떡도 응용할 수 있으나 생즙의 효과가 가장 뛰어나다.

지혈작용 : 예전에는 지혈을 위해 강판에 연근을 갈아 마셨다고 한다. 그래서 연근즙은 객혈이나 코피, 혈

변 등에 효과적이며, 열병으로 인한 번갈증이나 각혈이나 토혈, 코피, 부인들의 갑작스런 자궁출혈이나 대소변 출혈, 이질, 소변출혈, 소변이 잘 나오지 않고 뱃살이 땅기면서 아프고 변비가 있을 때도 효과가 좋다. 코피가 날 때 연뿌리 생즙을 소금에 타서 마시면 즉시 효과가 있다.

보신, 보심작용 : 연근을 오래 장복하면 오장을 보호하고 하초를 튼튼하게 한다. 특히 벌꿀을 섞어 먹으면 오장을 보호하는 효과가 크다. 이는 유정(遺精), 백탁(白濁), 식욕감퇴, 오래된 설사나 신허대하에도 쓴다.

그 외에도 기력이 허약해져 신경이 날카로워져 가슴이 뛰는 심계항진이나 불면증에도 쓴다. 이와 같이 보성을 가지면서 보심(補心), 지사(止瀉)시키는 약이지만 소화가 잘 되지 않아 배(가운데 배)가 더부룩하고 심하면 덩어리가 생겨 단단하면서 아프거나 복부에 가스가 차는 경우는 피한다.

tip 생연근즙

??? 생연근즙은 폐결핵의 각혈 또는 하혈에 특효약이며 정력을 돕고 빈혈, 하혈 등에 이용되었으며 피로 회복, 스태미나 부족, 신경통, 류머티즘 등에도 이용된다. 또한 고혈압을 예방하고 술독을 없애주며 심한 기침이나 가래를 가라앉힌다. 피로회복작용도 있어 신경의 불안정, 불면증, 자율신경실조 등의 예방 및 치료에 도움이 된다. 또한 가래에 실피가 섞여 나오거나 저녁때면 목이 쉬는 사람, 이유 없이 코피가 나는 사람들도 효과가 있다. 민간에서는 어린아이가 감기로 피로하거나 과로하여 상기되면서 코피가 심하게 나올 때 연뿌리 생즙을 복용하면 좋은 효과를 보곤 했었다.

소화촉진 : 연근은 무더운 여름 더위를 먹었을 때, 자주 과음하는 사람이 식욕부진, 소화불량 등으로 고생할 때 효과적이다. 그러므로 위궤양이나 십이지장궤양이 있는 사람은 연근을 졸여서 반찬으로 먹으면 좋다.

성분 : 연근 100g에는 비타민C가 레몬 1개와 맞먹는 약 57mg이 들어 있다. 그러므로 성인의 하루 필요량(55mg)을 쉽게 섭취할 수가 있고 특히 연근의 비타민C

는 녹말로 보호되어 있어 쉽게 파괴되지 않는다.

또한 연근 100g에는 400mg에 가까운 칼륨이 들어있어 고혈압 환자에게 좋은 식품이다.

연근을 가르면 가는 실과 같은 끈끈한 것이 보인다. 이것은 뮤신(Mucin)이란 물질로 당질과 결합된 복합단백질이다. 뮤신은 콜레스테롤저하 작용과 위벽보호, 해독작용을 한다. 또 연근을 잘랐을 때 검게 변하는 것은 탄닌(Tannin)과 철분성분 때문인데 탄닌에는 강력한 수렴작용과 소염작용, 지혈효과가 있어 치질이나 궤양, 코피, 자궁출혈 등을 억제한다. 그러나 만성 설사증이 있는 사람은 많이 먹지 않는 것이 좋다.

연근에는 탄닌, 아스파라긴, 비타민C, 비타민B_{12}, 아스파라긴, 로에메린, 누시페린, 노르누씨페린 등이 함유되어 있다. 이밖에 아스파라긴이 약 2%, 아르기닌, 탄닌, 수지, 티로신, 아스코르빈산 등의 성분이 들어있다. 이러한 성분은 수렴작용이 강하며, 출혈시간을 단축시킨다.

연근의 주성분은 탄수화물인 녹말이기 때문에 연뿌

리를 먹으면 배가 고프지 않고 피로가 회복된다. 뿐만 아니라 식물성 섬유가 풍부하게 들어있어 신장 기능을 강화하여 소변배설을 촉진하고, 고혈압 및 당뇨를 예방한다.

연의 씨앗성분으로는 단백질이 8%이며 당질이 23%로 주로 전분이다.

기타 : 일반적으로 연근은 색깔이 희고 육질이 부드러운 것일수록 좋은 품질이다. 이러한 연뿌리와 연밥으로 차를 만들어 먹으면 피부를 곱게 하고 여드름이나 주근깨를 없애는데 효과가 있다. 또한 연근 생즙에 생강즙을 넣고 뜨거운 물을 부어 감기치료제로도 사용했다.

tip 연근의 구멍은 어떻게 생기는 것일까?

보통 연하면 구멍이 숭숭 뚫려 있는 뿌리쯤으로 생각할 것이다. 연뿌리 속에는 구멍이 많이 뚫려 있고 이러한 연근의 구멍을 기근(氣根)이라 부른다. 연근은 다른 식물의 뿌리와는 달리 그 숨구멍으로 물속에서 이산화탄소를 운반하고 양분을 섭취한다. 그 관은 연뿌리, 잎자루, 잎의 가장자리까지 연결되어 있다. 연의 잎자루는 비스듬히 누워 있다가 물이 불어나면 바로 세워져 잎이 물속에 잠기는 것을 막아 주는 많은 통기 조직이 있다. 연뿌리 속의 관은 약간의 압력이 있으며, 공기가 저장된다. 바깥 공기와 성분이 거의 같다. 연잎에 의하여 공기가 연뿌리 속으로 공급되지 않으면 연뿌리 관은 쓸모없게 되고, 연 전체가 죽게 된다. 따라서 연뿌리 속의 빈 관은 바닥이 물렁한 수렁 속처럼 공기가 거의 없기 때문에 잎에서 빨아들인 공기를 잎자루, 땅속뿌리 줄기에 있는 빈 관을 통하여 보내는 통로가 되고, 겨울철 휴면 상태에서는 부패하지 않도록 공기를 저장할 수 있는 저장소 역할도 한다.

[연근의 영양분석표 〈기준 : 가식부100g〉]

에너지(kcal)	수분(%)	단백질(mg)	지질(mg)	섬유질(mg)
67	2.1	0.1	16.4	1.2
회분(mg)	인(mg)	철(mg)	나트륨(mg)	비타민(mg)
22	67	0.9	36	57.42

4. 연자(蓮子, 연밥, 종자)

연의 열매인 연자(연밥)는 계속 잇는다는 뜻의 '연(聯)'과 자손의 '자(子)'와 발음이 같아 자손의 번창을 뜻하며 단백질이 우수한 영양식품이다. *한방에서는 자양강장, 신체허약, 설사병, 몽정 등의 약재로 쓰고 있다.*

특히 연자는 천년 이상의 수명을 지니고 있으며, 발아율 100%라는 신비한 힘을 가지고 있다.

생김새 : 10월에 익는 연자는 꽃받침 윗면의 평평한 구멍에 여러 개의 씨가 파묻혀 있다. 둥글고 타원형이며 길이는 1.2~1.8cm이고 직경은 0.8~1.2cm이다. 꽃잎이 다 떨어지면 연밥들은 연두색에서 진한 녹색 그리고 갈색과 검정색으로 그 색깔이 바뀌고, 껍질이 단단해지며 알알이 영글어간다.

연자 껍데기를 벗기면 성숙된 종자의 녹색 배아인 연자심이 나온다. 벗겨보면 두 쪽의 씨로 되어있다. 노란색 또는 붉은색을 띠는 흰 두 쪽의 씨 사이에는 공간이 있다. 겉은 단단하며 냄새는 없다. 바깥면에는 회백색의 가루가 있고 가는 세로무늬와 비교적 확실한 맥상의 무늬를 볼 수 있다.

맛과 성질 : 연자는 성질이 평하고 맛이 달고 떫다.

- 연자의 효능

연자(蓮子)는 연꽃의 과실 및 종자로서 양심(養心), 익신(益腎), 보비(補脾), 삽장(澁腸)의 효능이 있다.

연자는 심장을 보호하고 신장을 도우며 비장을 튼튼하게 하여 설사를 멎게 한다. 또한 가슴 두근거림과 불면증을 다스리고 유정이나 비허(脾虛)에 의한 설사 증상을 개선한다.

연자죽은 자양강장제, 소화제 : 연자로 쑨 죽은 자양강장제로 유명한데, 내장을 보호해주고 마음을 안정시켜 주며 정신력을 강화시키고 눈과 귀를 밝게 해준다. 연자를 말려서 그 속에서 씨앗을 꺼내 말린 뒤 쓰면 되는데, 씨앗을 가루로 만들어 죽을 쑤어 먹기도 한다.

연자죽은 강장효과 외에도 식욕부진, 소화불량, 만성설사, 불안초조, 어지럼증 등을 치료해 준다.

연자죽을 오래 두고 먹으면 소화기와 장의 기능을 강화시킬 수 있다. 연자의 배아(싹)인 연자심은 맛이 쓰고 성질이 차서 열로 인해 가슴이 답답하고 불안한 증상에 좋다.

가슴이 두근거리고 잠을 잘 못자는 불면증환자에게 그만이다.

연자차는 피부미용, 활력증강제 : 연자차는 여성의 피부색을 곱게 해줄 뿐 아니라 여드름이나 주근깨를 없애주는 역할을 하며, 비장과 위장의 기능이 약해 설사를 자주 하는 사람에게 유효하다.

체질이 허약하고 빈혈이 있으며 가슴이 뛰고 불안한 사람은 연자에 꿀을 넣고 달인 뒤 하루에 두 차례 복용하면 활력이 생긴다.

이외에 연밥장아찌, 연자당으로 먹기도 한다.

성분 : 다량의 정분(淀粉), 라피노오스(Raffinose), 단백질, 지방, 칼슘, 인 등이 포함되어 있다.

연자에는 항암작용을 하는 성분도 함유돼 있어 보약의 조건을 모두 갖추고 있다고 해도 과언이 아니다.

기타 : 한방에서는 연자를 주로 약으로 쓰며, 식용으로 죽을 끓일 때는 겉껍질을 벗겨 쓴다.

겉껍질은 떫은 맛이 강하다. 특히 연자 속에 있는 배아(胚芽) 즉 연자심(蓮子心)은 성미가 고한(苦寒)하여 구토를 일으키고 독성이 있으므로 반드시 연자심을 제거하고 절구에 찧어 써야한다.

tip 연밥의 싹 틔우기

 연밥을 꺼내서 만져보거나 씹어보면 매우 딱딱하다. 그 단단한 느낌으로도 쉽사리 싹이 뚫고 나오지 못할 것 같다. 단단함 때문인지 연밥은 모든 열매 가운데 가장 생명력이 뛰어나다고 한다.
 어느 보고에 따르면 천년 이상 흙속에 묻혀 있어도 썩지 않으며, 어떤 연밥은 1200년 만에 싹이 텄다고 한다. 결국 연밥은 자신에게 맞는 외부환경을 기다리고

있었던 것이 아닌가 싶다.

  9~10월에 단단히 영근 까만 씨를 채취한후 이듬해 3월경에 한쪽 귀를 갈면 날카롭게 씨앗의 껍질이 얇아진다. 이 씨앗을 진흙 속에 심는다. 깊이는 손가락 두마디 정도의 깊이로 심는다. 심은 후 약 한달이 지나면 씨가 발아된다.

5. 연방(蓮房)

 불가에서는 극락세계를 〈연방〉이라고 하였으며, 아미타불의 정토에 왕생하는 사람의 모습을 〈연태〉라 하였다. 또한 연에 종자가 많은 것을 보고 민간에서는 다산의 상징으로 여겨 여성의 옷에 연꽃무늬를 새겨 자손을 많이 낳기를 기원하였다.

 생김새 : 꽃이 만개했다가 지고 나면 마치 벌집 모양으로 생긴 꽃턱 구멍 속에서 도토리처럼 생긴 연씨가 까맣게 익어가기 시작한다. 꽃턱은 크고 편평하며 지름이 약 10cm 정도가 되며 숭숭 뚫린 듯한 구멍구멍에 연밥들이 촘촘하게 박혀있다. 햇살을 받으며 연밥이 영글어갈수록 연방의 구멍은 점점 커진다. 마치 해바라기처럼 바짝 쳐들었던 꽃턱은 서서히 땅 쪽으로 고개를 떨어뜨린다.

꽃턱이 고개를 숙이고, 꼬부랑 할머니처럼 등이 굽은 모양새가 되면 연밥이 담겨 있는 씨방은 점점 헐렁해진다. 그러다 바람이라도 불면 탱글탱글 영근 연밥들은 투두둑 땅으로 떨어진다.

맛과 성질 : 맛이 씁쓸하고 떫으며 성질은 따뜻하다.

- 연방의 효능

연방은 성숙된 꽃받침(화탁, 花托)으로 연자(蓮子)를 싸고 있는 집을 연방(蓮房)이라고 한다. 소어(消瘀), 지혈(止血), 거습(祛濕)의 효능이 있으며 어혈성 출혈인 여성의 부정기적 자궁출혈이나 월경과다, 임신 중 출혈, 혈리(血痢), 어혈성 복통 등에 쓴다. 이러한 출혈은 유산의 징후를 보이는 것으로써 연방을 태워서 사용하면 효과적이다. 연방죽은 여름철 더위와 설사에 대단히 좋으며 피부 미용효과도 있다.

질병에 따른 민간요법

빈혈에는 연뿌리를 갈아서 짠 즙을 날마다 작은 잔으로 하나씩 마시고, 간 것을 그대로 된장국에 넣거나 반찬으로 해서 먹으면 빈혈에 효과가 있다. 연근의 성분 속에 철이 함유되어 있기 때문이다.

폐결핵에는 연뿌리를 갈아서 짠 즙에 매실초 2~3방울을 떨어뜨리고 이를 아침저녁으로 2회씩 날마다 계속해서 마시면 현저한 효과가 있다.

기침에는 갈아 짠 연뿌리즙액에 생강즙을 넣고 여기에 뜨거운 물을 부어 마시면 독한 기침에 효과가 있다.

위궤양, 십이지장궤양에는 연뿌리를 짠 즙(특히 마디 부분에 효과가 있음)을 날마다 작은 술잔으로 1잔씩 마시면 효과가 있다. 연근을 반찬으로 졸여 먹어도 좋다.

🌸 **비염으로 코에서 누런 코가 흐를 때**는 연뿌리 마디를 구워서 가루를 내어 한 번에 7~8g씩 계속 복용하면 낫는다.

🌸 **심장병**에는 연뿌리를 상식하면 좋다. 연뿌리에는 심장 기능을 좋게 하고 혈압을 정상으로 하는 작용이 있으므로 매끼마다 반찬으로 요리하여 먹으면 효과가 있다. 또한 그늘에서 말린 연꽃에 뜨거운 물을 부어 연꽃차를 만들어 마시면 자양강장의 효과가 있다.

🌸 **각종 출혈**에는 연근은 맛이 달고 떫으면서 성질이 차지도 덥지도 않아 상처부위를 수렴시켜 지혈하는데 좋다. 위장관 출혈로 인한 토혈, 기침으로 인한 객혈, 소변으로 피가 나오는 증상, 치질로 인한 출혈 등 각종 내부 출혈에 다른 한약재와 섞어서 사용한다.

생즙으로 복용하거나, 잘 말린 것을 노릇노릇하게 볶아서 쓴다. 또한 연뿌리를 찧어 바르든지 마시면 지혈의 효과가 있다. 칼에 베어 피가 나거나 코피가 날 때 연근 즙을 솜에 적시어 막으면 지혈이 된다. 연뿌리로 죽을 쑤어 먹으면 출혈성 위궤양이나 위염에 효과가 있다.

소화기능저하에는 연영양밥(204p참조)은 소화기능이 허약하여 생긴 오래된 설사를 그치게 하고, 유정(遺精)과 대하(帶下 냉), 가슴이 두근거리고 잠을 잘 못자는 증상을 치료한다. 또한 신경을 과도하게 쓰는 고3수험생, 직장인, 갱년기 여성, 허약한 노인 등이 연잎찹쌀밥을 해서 먹으면 좋다.

버섯독, 출혈, 치질출혈, 설사, 요통, 야뇨증에는 연잎을 달여서 마신다.

고혈압에는 뿌리 30~50g을 1회분 기준으로 생즙을 내어 1일 2~3회씩 10일 정도 복용한다.

🌺 **비염**에는 뿌리 30~50g을 1회분 기준으로 생즙을 내어 3~4회 복용하면서 콧속에 생즙 2~3 방울을 떨어뜨린다.

🌸 **설사**에는 연근 30~50g을 1회분 기준으로 달여 2~3회 복용하거나 생즙 한잔을 데워 마시면 효과가 있다.

🌺 **우울증이나 신경쇠약**에는 연근을 생즙 내어 하루 1컵씩 2번, 빈혈이 있다면 작은 잔으로 1컵씩 마시고, 된장국 등에 넣어 먹으면 효과가 있다.

연의 각 부위별 약리효과

1. **연자육**(蓮子肉, 열매, 종자) : 비(脾:지라), 신(腎:콩팥)기능보강, 자주 놀람, 가슴 두근거림, 불안초조, 불면증, 어지럼증, 신경예민

2. **하엽**(荷葉, 연잎) : 설사, 두통, 어지럼증, 토혈, 코피, 각종 출혈증, 산후어혈치료, 야뇨증, 해독작용

3. **우절**(藕節, 줄기마디), **연근**(蓮根, 뿌리) : 각혈, 토혈, 코피, 치질, 대변출혈 등 지혈작용

4. **연방**(蓮房, 과방, 연밥) : 치질과 탈항, 악창, 지혈작용

5. 연수(蓮鬚, 암술) : 꿈이 많은 사람, 이질치료 , 각종 지혈작용

6. 연자심(蓮子心, 종자 속에 있는 배아) : 불안, 번민, 안구출혈, 각종 지혈작용

7. 연화예(蓮花蘂)(꽃봉오리) : 노인의 정기불고 및 노채병, 치정활, 남성의 몽정과 몽설, 여성의 자궁출혈

제5장 연의 재배법

국내의 연 재배지

연(蓮)에는 약 100여종이 있으며 우리나라에는 주로 조선연이나 중국의 백화연, 천왕연 등의 종류가 있다.

요즘 약용과 식용으로 쓰는 연(Nelumbo nucifera Gaertner)은 수련과에 속하는 다년생 수생초본이다.

여기에는 붉은 꽃과 흰 꽃이 피는 두 종이 있는데 붉은 꽃이 피는 대표적인 왜연 생산지는 안심(安心)이고, 흰 연꽃 이 피는 산지는 전남 무안의 회산백련지이다.

우리나라의 대표적인 연지는 전주의 덕진공원과 무안의 회산방죽, 삼척의 연적지, 경주 서출지, 김천의 묘광연못, 정읍의 피향정, 서울의 보라매공원과 창덕궁, 일산의 호수공원, 양평의 양수리 등이 있다. 온도에 민감한 연은 주로 열대지방에 갈수록 그 분포도가 높다.

국내의 경우도 중북부지방보다는 남부지방으로 갈수록 그 재배지역이 넓다고 할 수 있다. 필자가 처음 연 농사를 짓던 20여년 전만해도 경기지방에서는 연의 군락지를 보기 힘들었다. 그러나 현재는 연의 재배기술의 발달과 더불어 연의 재배지가 늘어나고 있는 추세이다. 본서에서는 그중에서도 국내의 유명한 연재배지 몇 곳을 소개한다.

연꽃 축제의 원조, 전주 덕진연못

　연은 그 뿌리가 진흙이나 뻘 속에서 잘 자라는 특성을 가지고 있어 주로 저수지나 늪에서 서식한다. 그 대표적인 예라 할 수 있는 전주 덕진연못은 전주 팔경 중 하나로 꼽힌다. 후삼국 시대 풍수를 다스리기 위해 조성되었는데 연꽃 때문에 명성이 드높다.

방죽 위 극락정토, 회산 백련지

 전남 무안군에 있는 회산방죽 연밭은 동양최대의 백련지이다. 둘레 2km에 10만평이 넘는 거대한 저수지가 연꽃들로 가득 차 있다. 이곳엔 주로 백련이 피기 때문에 저수지 이름도 복룡지에서 백련지로 바꿨다. 연꽃이 유명해지면서 사람들이 연꽃들을 하나 둘 옮겨다 심기 시작해 종류도 수십 종이나 된다.

홍련의 군락지, 대구 안심 늪지

대구 안심늪지 일대도 좋다. 30년 전부터 연을 농업 속으로 끌어들여, 금호강변 곳곳에 연을 재배하는 농가가 흩어져 있다. 저수지 연밭과 달리 이곳 연들은 아직 어려서 화려하지는 않지만 끝없이 펼쳐진 연밭은 보는 이들을 취하게 하기에 충분하다.

하늘 연꽃의 비밀, 양수리 연밭

덕진연못이나 회산방죽과 달리 경기도 양평 양수리 일대 연밭은 물가에서 하늘을 배경으로 올려다보게 되어 있다. 물가의 낮은 곳에서 자신을 낮추고 파란 하늘과 구름을 배경으로 연꽃을 올려다보면 불교인들이 왜 천상을 연꽃이 가득한 공간으로 받아들이는지 알 듯하다. 더욱이 안개가 주위를 묻어버리고 스치듯 운무를 흘리면 이 일대는 법화경의 한 장면으로 변한다. 그야말로 묘법연화경이 펼쳐지는 것이다.

논에서 연 기르기

온도

연은 비교적 고온을 좋아하는 작물로 25℃가 되면 생장을 시작한다. 생육 적정온도는 25~30℃로 30℃가 넘어가면 생장이 왕성하고 35℃가 넘으면 최고로 왕성해진다. 15℃ 이하가 되면 생장을 멈추고 겨울잠을 자는 동면기로 들어간다. 10℃ 이하가 되면 생장에 지장을 초래하고 낙엽이 진다.

연의 재배지는 평균 기온이 15℃ 이상 되는 기간이 6개월 이상 지속되는 곳이 가장 적지이다. 특히 7~8월 생장 최성기에 맑은 날이 많고 온도가 높으면 수량이 증대된다. 지하경은 20~25℃에서 생장이 왕성하고 지하경의 비대 적온은 22℃ 전후가 적온으로 알려져 있다. 실제로 지하부 생장에 영향을 미치는 온도는 물의 온도이므로 냉수가 나오는 곳은 우회수로를 설치하여 물이 온도를 높인 후 유입되도록 해주어야 한다.

tip 겨울연과 관리법

연꽃을 즐기는 때와 시절은 따로 있어, 이를 알고 가면 각각의 다른 모습을 볼 수 있다. 연꽃의 화려함 뒤에 숨어 있는 모습을 볼 줄 알아야 한다. 그것은 겨울 연밭에서 볼 수 있다. 눈 내린 겨울 연밭에서는 여름의 화려함도 가을날의 고고함도 보이지 않는다. 대신 적막과 고요의 상징인 설경이 펼쳐지면 윤회의 비밀을 간직한 깃발처럼 앙상한 연줄기들이 여백의 미를 빚어낸다.

 필자도 몇 해 전 물관리의 소홀로 인하여 논의 2/3가량 피해를 입은 적이 있다. 그만큼 겨울철 연못의 물관리는 중요하다. 겨울에는 연이 얼기 때문에 논에 물을 수시로 채워줘야 한다. 또한 물이 얼지 않도록 세심한 관리가 필요하다. 논에 물이 얼면 무조건 뿌리가 얼게 된다. 물을 계속 보충해야만 다음해에 연 농사에 지장이 없다.

광선

연은 많은 일조량을 요구하므로 밀식하여 잎이 너무 무성하거나 흐린 날이 많으면 발육이 부진하다.

연을 기르기에 가장 좋은 연못은 햇빛이 연못을 통과하여 복사열이 상승할 수 있는 연못이다. 만약 연못에 햇빛이 투과하지 못하면 연못이 점점 퇴화되고 그대로 놔두면 꽃이 피는 기간이 짧아지며 결국에는 연꽃이 피지 않는 연밭이 되고 만다. 최상의 연못을 만들기 위해서는 무엇보다도 햇빛이 많이 드는 곳이어야 한다.

수분

연은 많은 수분을 요구하며 습윤한 곳에 잘 자라며 건조함에는 매우 약하다. 물의 높이는 20cm 전후가 알맞으며 이른 봄에는 물을 조금 더 보충하여 지온을 높여주고 여름에는 10~15cm 전후로 얕게 해주어야 생육이 좋다.

타지역의 자생지의 수심을 조사해본 결과 최고 180cm까지 되는 경우도 있었다.

엽병이나 줄기에 상처가 나면 통기공을 통해 쉽게 병원균이 침입하므로 병해의 발생이 심하므로 주의를 요한다.

토양

연의 토양 적응성은 비교적 넓은 편이다. 유기질이 풍부한 점질토로 된 퇴적층이나 모래나 자갈이 섞이지 않은 못이라야 수량도 많고 육질이 단단한 고품질 연근이 생산된다.

사질양토에서는 비대는 빠르고 조직이 단단하지 못하여 저장성과 육질이 점질토에 비하여 떨어진다. 토양산도는 pH6.5 전후에서 생육이 잘되며 철분이나 염류가 다량 함유된 토양에서 생산되면 품질이 좋지 않다.

연꽃은 농약에 매우 약하기 때문에 과수원 주변은 가능한 피하여 심는 것이 좋다.

바람

미풍은 연의 생장에 많은 도움을 주나 폭우를 동반한 강풍은 잎이 도복되고 도복된 상처를 통하여 병원균이 침입하여 연 재배에 결정적 피해를 주는 사례가 많으므로 바람이 적고 태풍 피해가 적은 곳에서 재배하여야 한다.

물관리

연에 있어서 생육시기에 따른 물관리는 매우 중요하며 생장과 수량에 많은 영향을 미친다. 뿌리연근을 심은 직후에는 낮에는 4~7cm로 얕게 하여 주간에 지온과 수온을 높여주고 밤에는 10cm이상 깊게 하여 보온해준다. 부엽 생장기에는 6~7cm 깊이로 유지하다가 입엽이 올라오기 시작하면 10cm 정도 깊게 물을 대주고 마르지 않도록 조심하여야 한다.

왕성한 생장기에는 물을 15cm 정도 깊게 대어 지온이 너무 높지 않도록 하고 천천히 물이 흐르도록 하여 지하부에 산소도 공급하고 고온의 피해를 줄여야 한다.

물의 깊이에 따라 연근의 생장 깊이가 변화하므로 후반기에는 얕게 대어 연근이 깊게 자리 잡도록 해야 충실한 연근이 생산되나 너무 깊게 자리 잡으면 수확 시 어려움이 있으므로 80~90cm 깊이로 한다.

장마나 태풍 시 침수 피해가 없도록 특히 유의하고 태풍 통과가 예상되면 물을 깊게 대어 쓰러짐을 방지해야 한다.

제초관리

제초작업은 힘든 작업 중의 하나인데 생육초기에는 제초와 이끼, 개구리밥 등의 피해가 크며 생육중기에는 그다지 잡초에 신경쓰지 않아도 된다.

생육초기 이끼나 개구리밥 등이 번식되면 수온도 낮

아지고 영양분 경쟁도 심하여 조기에 제거하여야 한다. 제거 시 뿌리가 상하지 않도록 조심해야 한다.

재배방법

우리나라는 주로 노지재배를 한다. 노지재배는 4월 하순에 정식한 후 9월부터 수확에 들어가서 이듬해 3월 말까지 수확하는 재배작형이며 이는 우리나라의 일반적인 재배형태이다.

연은 뿌리로 번식한다. 만약 씨로 번식시키려면 3년 이상이 걸려야만 수확을 할 수 있다. 또한 씨앗의 번식은 반드시 거쳐야만 하는 과정이 있다. 뿌리쪽의 먹는 쪽은 잘라내고 눈 있는 쪽의 씨앗은 잘라 그것을 심어서 다시 재배한다.

- 뿌리번식

정식

정식방법은 수확하면서 뿌리를 새로 심는 방법과 일정부분을 남겨두어 종근으로 활용하는 방법이 있다.

뿌리를 새로 심을 경우는 가을부터 침수상태로 두거나 써레질을 한 후 침수상태로 두었다가 이듬해 봄에 퇴비와 기비 시용 후 다시 정지작업을 하는 것이 병해충예방에 도움을 준다.

정식시기는 3~4월 만상의 시기가 지난 후 정식하며 심는 방법은 주의가 필요하다. 구덩이를 15cm 깊이로 파고 종근(3~4마디 연결 종근)을 30~45도 각도로 비스듬히 끝쪽을 땅속 방향으로 향하게 하고 반대쪽을 수면 쪽으로 향하게 하여 수면 위로 약간 나오게 하여 심는다.

이때 너무 깊게 심으면 발아기간이 오래 걸리고 너무 얕게 심으면 뿌리의 활착이 불량하여 물위에 떠오르거나 뿌리의 발달이 부진해진다.

이때의 담수 깊이는 15cm 전후로 하고 지면을 평평하도록 충분한 써레질 후 정식한다.

재닉거리

연못을 만들려면 물의 깊이는 1m가 이상적이다.

큰연못에서 연을 재배할 때는 2m에 하나씩 심는 것이 가장 좋다. 재식밀도는 품종과 재배방법, 토양조건에 따라 다르나 일반적으로 조숙재배나 하우스재배, 조생종재배, 척박지의 경우 좁게 심으며, 만생종 재배 시, 비옥지에는 넓게 심는다.

수확할 때 종자용 종근을 남겨두고 재배하는 방법도 있는데 대부분 1m 폭은 수확하지 않고 그냥 두어 이듬해 종근으로 쓰는 방법으로 많이 이용되고 있으며 정식 노력을 절감할 수 있다.

- 씨 번식

 씨연근은 마디가 2~3마디 정도로 병해나 상처가 없고 굵으며 끝눈이 충실한 것을 씨연근으로 쓴다.

 1개의 크기는 1kg 정도 좋으며 너무 작으면 초기 생육이 불량하고 너무 크면 씨연근의 소요량이 많다.

 일반적으로 300~450kg/10a 정도 소요된다. 10a당 하우스나 조기재배 조숙품종은 350kg, 만생종은 450kg 씨연근을 남기고 수확하는 경우는 씨연근의 확보가 필요 없으나 식재 시는 가을 수확 시 남겨두었다가 심기 10일전쯤 채취하여 정식한다.

 특히 씨연근 수확 시 겨울눈이 많이 자란 상태이므로 주의를 하여야 하고, 수확 후에는 저장 온도를 10~12℃로 얼거나 수분이 부족하지 않도록 하고 땅속에 묻어두거나 젖은 거적 등으로 덮어 건조를 막아야 한다. 하우스 안의 기온이 너무 높으면 생장하므로 고온에도 주의를 요한다.

tip **겨울눈**

 겨울에 동면하던 연뿌리는 봄에 싹이 나오는 동시에 그 뿌리는 죽어가면서 죽어가는 뿌리의 양분을 먹고 새눈이 자라난다. 그렇기 때문에 비료를 주지 않아도 된다. 결국 하나는 죽고 하나는 새로 태어나는 것이다. 이와 같이 자연의 자연스러운 과정으로 자란 연만이 향기도 좋고 맛도 좋다.

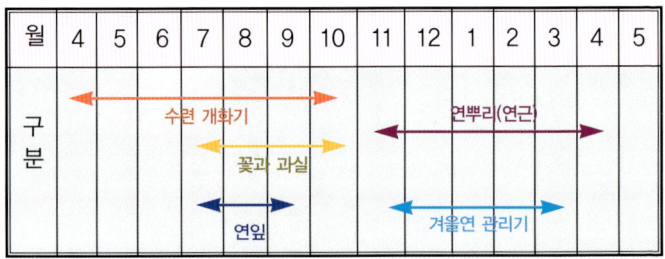

〈연의 채취시기 및 개화기〉

화분에서 관상연 기르기

화분에서 연을 기를 경우 화분이 커야 한다. 화분이 작으면 연이 스트레스를 받아 점점 작아진다.

연못재배의 경우 연 뿌리가 보통 5m를 뻗는다. 이러한 이유로 반드시 큰 화분을 사용하여야 하며 싹이 나올 때 거름이 너무 많으면 연꽃이 죽게 되므로 조심해야 한다. 싹이 나올 때도 주의해야 한다.

연꽃에 가장 좋은 거름은 자연 퇴비이다. 그러나 충분히 발효해야 하며 아무리 빨리 사용한다 하더라도 6개월 이상 발효된 것을 사용해야 한다.

흙의 높이는 20cm 정도가 좋고 물은 잎이 많이 올라오면서부터는 화분 가득 채워야 한다. 연은 줄기에 비해 잎이 굉장히 크다. 그런데도 잎을 지탱하는 것은 연의 줄기가 나무와는 달리 가운데가 텅 비어있기 때문에 가능한 것이다.

화분에 심는 방법

1. 자리를 잡고, 연 심기를 기다리는 통속에 논흙과 재, 부엽을 섞은 흙을 10cm 깐다.
2. 그 위에 구슬거름[옥비]15~20개를 하나하나 떼어서 흙에 깔아준 후 다시 흙을 5cm 가량 깐다.
3. 그런 다음 준비된 연근을 중앙에 놓는다. 뻗어 나갈 새순이 아래를 향하게, 끊어진 아랫부분이 위를 향하게 놓는다.(수평으로 놓아도 제 스스로 알아서 자람)
4. 다시 7cm 정도의 두께의 흙으로 연근을 덮는다. 이때 연 마디에서 올라온 새순이 부러지지 않도록 조심해야 한다.(이때 흙을 다져 줄 필요는 없으며 마디마디에서 나온 새순이 흙 밖으로 나올 수 있으나 지장은 없다.)
5. 흙 위의 공간에 물을 가득 채운다.

종근선택

종근은 온전한 마디가 2~4개가 있는 굵은 것으로 마디에서 올라온 새순들이 다치지 않은 것이 좋다.

온전한 2마디 이상이어야 심은 그 해에 꽃을 피울 수가 있다.

심는 시기

4월 초~5월 초

심는 개수

1통에 1뿌리를 원칙으로 한다. 2개 이상 심을 경우 세력이 약해질 수 있다. 1년 후 이듬해 봄에 캐보면 7~8개의 꽃을 피울 수 있는 연근과 잔 뿌리들로 가득 차 있다.

배양토 만들기

준비된 논흙과 부엽토, 재를 골고루 섞는다.

- **논흙** : 수생식물이 자라기에는 밭흙보다는 논흙이 적합하다.

- **부엽토** : 넓은잎나무 아래 쌓인 썩지 않은 낙엽을 걷어내고 두껍게 썩은 부엽을 사용한다.
- **재** : 나뭇재보다는 풀잎이나 볏짚을 태운 재가 좋다.

화분선택

- 연근이 뻗어나가는 데는 원형이나 타원형의 화분이 적합하다.
- 타원형의 화분의 크기는 보통 70 ×160 ×32㎝ 정도의 새지 않는 붉은 고무 통을 준비한다.
- 화분 놓는 위치는 10시간 이상 햇빛이 강하게 드는 곳이어야 생육, 개화가 양호하다. 또한 태풍과 같은 강한 바람의 피해가 없는 곳에 놓는다.

물 관리

항상 물을 통에 가득 차도록 채운다.

연 뿌리가 자정(自淨)작용을 하기 때문에 물을 갈아주지 않아도 썩지 않는다.

처음 한두 달간은 푸른 해캄[이끼]이 낀다. 수온을 높이

기 위해 걷어 내주면 된다.

물 보충은 아침마다 화분에 물 주듯 매일한다. 수돗물은 받아 놓았던 것을, 지하수는 그대로 쓴다.(수돗물을 바로 주면 생장이 후퇴한다.)

6월 중순 이후부터 8월 말까지는 물을 아주 많이 필요로 한다. 이때 물 관리가 소홀하여 화분을 말리게 되면 꽃을 볼 수가 없으므로 물 채워주기를 철저히 한다.

기 타

굳이 비료를 주지 않아도 된다. 화학 비료를 줄 경우 실패하는 경우가 종종 있다.(건강한 연을 심었을 경우 병충해가 거의 없다.)

장마 후 연이 약해졌다 싶으면 짚이나 풀을 태운 재를 몇 줌 통속의 물에 넣어주면 좋다.

제6장 연과 음식

🌸 다양한 연 음식의 활용

　진흙탕 속에서 극락의 환희 처럼 피어나는 한송이 연꽃은 불교 신자가 아니더라도 보는 이들의 마음을 편안하게 한다. 그러나 이 연꽃을 음식으로 만들어 먹으면 실제로 심신을 안정시키며 더 나아가 질병까지 치유한다는 효능이 있다는 사실을 아는 사람은 그리 많지 않다.

　연꽃은 자라는 생태나 새김새 모두가 절묘하게도 불교의 교리를 상징하는 까닭에 신성한 존재로 여겨져 왔지만 한편으로는 뿌리부터 잎, 꽃, 씨까지 하나도 버릴 것이 없는 훌륭한 음식의 재료들이다.

　뿌리 부분인 연근은 9개의 구멍이있어 불가에서 말하는 극락의 구품세계(9개영역)를 닮았는데 널리 알려진 조림요리 말고도 시루떡, 정과, 튀김, 지짐, 물김치 등으로 다양하게 즐길 수 있다.

특히 자양강장과 심신안정의 효능이 있어 신경성 심장병을 앓기쉬운 갱년기 여성들에게 권한다.

연을 소재로 한 음식은 오래전부터 우리민족의 식탁에 올려졌다. 연을 이용해 만든 음식은 매우 다양하다.

내가 아는 어느 사찰 음식점의 주인말로는 연 한가지로만 대략 120여종의 음식을 만들어 낸다고 했다.

흰색 또는 홍색으로 피는 연꽃잎은 즙을 내 수제비나 칼국수 반죽에 넣어 먹거나 부침을 해서 먹으면 좋고, 생화로 그냥 쓰거나 말려서 차로 마시기도 한다.

부처의 자비처럼 넉넉한 연잎으로 밥을 지으면 은은한 연의 향이 밥속에 묻어난다. 연밥이나 연자로 불리는 씨도 불려서 밥에 넣거나 갈아서 죽을 쒀 먹으면 고소한맛이 일품이다.

연근이나 연자를 갈아만든 죽은 특히 아토피성 피부염을 진정시키는 효능이 있어 아기들의 이유식으로도 손색이 없다. 또한 노인들의 보양식으로도 좋다.

춘향전에서 춘향이의 집을 처음 방문한 이몽룡이 대접받던 술이 강정주의 하나인 〈연예주〉이다. 이 술은 조루, 유정, 몽정에 그만이다. 이 연예주가 연꽃의 꽃술로 담근술이다.

소설 『금병매』에서 방중비희의 극치를 누린 반금련, 그녀의 이름을 따서 '내유금련'이라고 이름 붙인 희한한 음식이 있다. 연꽃의 열매(연자), 소나무 뿌리에 기생하는 균핵인 복령 등을 끓여 버터를 섞어 먹었다는 이 음식은 춘정을 돋우고 지구력과 순발력을 강화하는 효과가 큰 것으로 알려져 있다고 한다.

하비죽(荷鼻粥), 이것은 태평천국(太平天國)의 홍수전(洪秀全)이 애용하며 많은 여인을 거느렸다고 하며 중국 역대 임금이 애용하였다는 것인데 연잎의 꼭지로 죽을 쑤어 먹는다고 한다.

〈연음식과 관련된 재미있는 성(性) 이야기〉

6장 연과 음식 / 197

연근조림

재료 : 연근 300g, 식초 ½큰술, 마른 고추 1개, 마늘 3쪽
조림장 : 간장 3큰술, 설탕 2큰술, 청주 2큰술, 다시마물 2컵, 물엿 1큰술

이렇게 만드세요

1 연근을 0.5cm 두께로 둥글게 썰어 식초물에 1시간 정도 담가 아린맛을 제거한 후 찬물에 씻어 건진다.
2 마른 고추는 송송 썰어 씨를 털어내고, 마늘은 저며 썬다.
3 간장, 설탕, 청주, 다시마물로 조림장을 만든 후 마른 고추, 마늘, 연근을 넣고 서서히 끓인다.
4 중불에서 은근히 조리면서 조림간장을 연근 위로 자주 끼얹어 골고루 간이 베게 한다.
5 연근이 거뭇해지고 자작하게 조려지면 마지막에 물엿을 넣고 골고루 섞어준다.

연근튀김

재료 : 연근 1뿌리, 녹말가루 약간, 밀가루 약간, 식초, 식용유, 소금

이렇게 만드세요

1 연근의 껍질을 벗겨 식초물에 담갔다가 얇게 썬다.

2 밀가루와 녹말가루를 섞어 반죽한 뒤 소금으로 간을 한다.

3 연근에 반죽을 입혀 기름에 튀겨낸다.

Tip 연근 손질법

싱싱한 연근 고르기
- 양쪽에 마디가 있으며 흙이 적당히 묻어있고 너무 굵지 않은 것이 싱싱한 것이다.
- 연근 껍질에 흠집이 많이 나 있지 않은 것을 고른다.
- 잘라 보았을 때 구멍의 크기가 일정하며 구멍에 검은 액체가 없는 것이 좋다.
- 껍질을 벗겨 파는 연근의 경우 표백제 등 약품 처리한 것이 많으므로 가능한 사지 않는다.

연근 손질하기
- 흙을 적당히 털어내고 연근의 앞과 뒤를 잘라낸다.
- 연근의 껍질을 얇게 벗긴다.
- 연근 구멍속의 불순물을 흐르는 물에 씻으면서 젓가락으로 긁어낸다.
- 손질이 되어 있는 연근을 구입했을 때는 조리직전 식초물에 담가 표백 및 기타 성분을 없앤다.

연근을 싱싱하게 보관하려면
- 연근을 보관할 때는 신문지에 물을 조금 적신 다음, 잘 싸서 비닐봉지에 담아 냉장고에 넣는다.

◆ 조리 후 남은 연근은 물에 담가 냉장고에 넣고 물을 매일 갈아준다. 가능한 빨리 먹는다.

갈변은 왜 되는가?

연근에는 다가페놀 함량이 비교적 많다.

잘라진 조직에는 다가페놀이 곧 산화효소작용을 하여 공기 중의 산소에 의해 갈색으로 변하는 현상이 일어난다. 그래서 연뿌리는 자르자마자 물에 담아 두어야 색이 변하지 않는다. 아미노산과 인지질의 일종인 레시틴(Lecithin)이 들어 있어서 열을 가해서 조리하면 맛이 좋다.

◆ 변색방지 및 아린 맛 제거 : 자르자마자 식초물(물1ℓ +식초1큰술)에 담근다.
◆ 흰빛이 나고 씹는 맛을 좋게 하려면 : 식초물에 담갔다가 다시 더운물 2컵에 식초 2큰술 비율로 정도를 섞어 끓인 다음 잠깐 데친다. 식초의 작용으로 연근 특유의 찰기가 변해서 씹는 맛이 좋아지고 연근 특유의 아린 맛이 사라진다.

연영양밥

재료 : 멥쌀 500g, 찹쌀 500g, 밤, 연자, 은행, 콩, 대추, 연잎 5장

이렇게 만드세요

1 찹쌀과 멥쌀을 각각 반씩 섞은 후 1시간 정도 불린다.

2 밤, 연자(연 씨앗), 은행, 콩, 대추, 연잎을 씻어놓은 쌀과 함께 고루 섞는다.

3 연잎을 찜통에 깔고 준비한 재료들을 넣는다.

4 센 불로 가열하다가 약 불에서 약 10분간 뜸을 들인다.

연자죽

재료 : 연자 200g, 현미찹쌀 1컵, 현미 반 컵, 율무 반 컵, 대추 5개, 죽염 약간

이렇게 만드세요

1 연자는 껍질을 벗기고 씨눈을 빼서 물에 2~3시간 불렸다가 믹서에 간다.
2 현미찹쌀, 현미, 율무도 물에 불려 믹서에 갈아 연자가루와 함께 섞어 약한 불에서 타지 않게 저으면서 끓여낸다.
3 죽염으로 간을 맞춘다.
4 고명으로 잘게 채 썬 대추를 얹는다.

연엽주

재료 : 찹쌀 1.5되, 멥쌀 10되, 누룩 1되, 생연근 150g, 물 5ℓ, 솔잎 100g

이렇게 만드세요

1 찹쌀과 멥쌀을 씻어 12시간 불린 다음 고두밥을 지어 차게 식힌다.
2 항아리에 누룩, 솔잎, 생연근(또는 연꽃잎이나 연잎), 고두밥, 물을 넣어 술을 앉힌다.
3 항아리 주둥이를 베보자기로 덮어 25~30℃정도의 실내에서 일주일 정도 발효시킨다. 이어 20℃로 온도를 낮춰 8일 동안 발효시킨다.
4 다 익은 술은 항아리에 용수를 넣어 하루 동안 술을 걸러 가라앉힌 다음 술병에 담는다.

연송편

재료 : 멥쌀 1Kg, 소금, 연잎가루 1컵, 참기름 약간

이렇게 만드세요

1 멥쌀을 2시간가량 불린 후 가루 낸다.

2 연잎가루와 쌀가루를 섞어 익반죽한다.

3 소(콩, 잣, 호도, 무화과, 깨)를 구미에 맞게 넣고 송편을 빚는다.

4 찜통에 센 불로 30분 이상 찐 후 약 불에서 10분 정도 뜸을 들인다. (만약 쌀가루가 묻어나오면 덜 익은 것이다.)

※ 응용 : 연잎을 넣으면 떡의 색깔이 녹색 빛이 돈다. 이때 떡의 색을 바꾸고 싶다면 단호박, 포도 등으로 변화를 주어도 좋다.

연편

재료 : 멥쌀 1kg, 연잎가루 1컵, 녹두, 소금약간

이렇게 만드세요

1 멥쌀을 2시간 정도 불린 후 가루 낸다.

2 쌀가루와 연잎가루를 골고루 섞는다.

3 녹두를 껍질제거 후 소금 간을 한 후 삶는다. 고운체에 내린 다음 찐다.

4 켜켜로 쌓은 후 센 불에서 약 40분 정도 찐 후 10분 정도 약 불에서 뜸을 들인다.

※ 찔 때 찜기 아래에 한지를 깔고 종지를 넣는다. 그 이유는 종지의 딸그락 소리를 통해 찜기의 물의 양을 파악할 수 있다.

연절편

재료 : 멥쌀가루 1kg, 연잎가루 1컵, 참기름

이렇게 만드세요

1 쌀가루와 연잎가루를 골고루 섞어(쌀가루3 : 연잎가루1) 반죽 후 찜통에 30분 정도 찐다.

2 찐 쌀가루를 한데 모아 넓은 그릇에 넣고 참기름을 두르고 치댄다. 계속 치대다보면 탱글탱글해지면서 찰성이 생긴다.

3 원하는 크기대로 잘라 떡 모양을 만든다.(만약 고소하게 먹고 싶다면 참기름을 바른다.)

연칼국수

재료 : 밀가루 5컵, 연잎가루 1컵, 검정콩가루 1/2컵, 소고기 200g, 계란, 호박
육수양념장 : 파, 다시마, 청양고추, 간장, 연잎가루 약간
양념장 : 파, 마늘, 조선간장(국간장), 왜간장 약간, 고춧가루, 깨소금

이렇게 만드세요

1 밀가루와 연잎가루, 생즙(잎)을 섞어 반죽한다. 여기에 검정콩가루를 1/4 섞는다.
2 반죽이 완성되면 밀대로 밀어 썰어서 끓인다.
3 삶은 후 찬물에 헹군다.
4 구미에 맞는 고명(고기, 계란지단, 호박)과 양념장을 얹어서 먹는다.

연꽃부침

재료 : 연꽃잎(백련) 10장, 밀가루 약간, 소금 약간, 식용유

이렇게 만드세요

1 백련꽃잎을 채취 후 상처가 나지 않게 조심스럽게 씻는다.

2 물기를 털어 부침가루 반죽을 입혀 기름에 부친다.

3 양념장에 찍어 먹는다.

연잎환

재료 : 연잎, 다시마, 검정콩(쥐눈이콩), 꿀

이렇게 만드세요

1 연잎, 다시마, 검정콩을 가루 낸다.
2 꿀을 넣어 비율을 2 : 1 : 1(연잎가루:다시마:검정콩)로 하여 환을 짓는다.
3 수시로 복용한다.

연잎발효액

재료 : 연잎 3kg, 흑설탕 3kg

이렇게 만드세요

1 채취한 연잎을 깨끗이 씻어 채반에 건져 물기를 말린다.

2 물기 말린 연잎을 잘게 잘라 동량의 흑설탕과 함께 항아리에 차곡차곡 담는다.

3 서늘하고 햇빛이 비치지 않는 곳에 두어 1~3년 이상 숙성시킨다.

4 발효액 음용비율은 물과 발효액(3~5:1)을 1컵으로 아침, 저녁으로 마신다.

부록

다양한 연의 체험

연잎차를 마시고부터 변비해결

20대 중반의 은행원입니다.

식생활이 규칙적인데도 불구하고, 업무성격상 앉아만 있는 것이 원인이 되었던지 늘 화장실 가는 것이 두려울 때가 많았습니다.

주변에서 변비에 좋다는 음식, 차(茶), 과일 등이 늘 제게는 관심거리가 되곤 했습니다. 한번 변을 보려면 2~3일에 한번 정도 그것도 아주 힘들고 고통스러웠습니다. 게다가 기분이 몹시 불쾌해지고 짜증스러울뿐더러 얼굴에 잡티도 자주 생겼습니다.

그러던 중 어머니의 친구분의 소개로 연잎차를 마시게 되었습니다. 처음 얼마간은 별 효과가 없는 듯하여 실망을 하기도 했지만 시간이 지날수록 그 효과가 나타나기 시작했습니다. 언제부턴가 배변이 수월해지면서 화장실에서 머무는 시간이 짧아져 아무튼 큰 짐을 덜어낸 듯 기쁩니다.

연잎차는 수시로 물마시듯 마셨습니다. 잘게 썬 연잎

차를 통에 담아 늘 회사에 가지고 다니면서 따뜻한 물에 우려내서 먹으면 되었기에 참 편했습니다. 말려 볶은 차이기 때문에 그 맛은 구수했습니다. 또한 녹차처럼 공복에 마시면 속을 버리는 일도 없고 부작용도 따르는 일이 없어 오랫동안 마실 생각입니다.

  참고로 저는 맑게 우려낸 따뜻한 물로 세안도 가끔 하고 있습니다. 그래서인지 예전에 많던 뾰루지도 많이 없어졌답니다.

(서울 장위동(23세), 김미경)

몸과 마음을 연꽃향차로 다스립니다

　대기업에 근무 중인 30대 가장입니다. 제가 연(蓮)차를 알게 된지는 매우 오래되었습니다. 어머니께서는 제가 초등학교 때부터 독실한 불자로서 늘 연향차를 가까이 하셨습니다. 30년 가까이 다니시던 절에서 가져오시는 어머니의 차는 지금도 우리집에서는 아주 귀한 것으로 여겨지니까요. 늘 차 앞에서 절제되고 고우신 어머니의 모습이 마냥 좋아 흉내 낸 다도(茶道)는 한 집안의 가장이 된 지금도 제게 보이지 않는 큰 힘이 되고 있습니다.

　이제 회사에서도 점차 관리자로써 지위가 높아짐에 따라 퇴근도 늦어지고 술자리도 많아집니다.

　그런 탓인지 집에만 들어가면 와이프랑도 자주 다투는 일이 잦곤 했습니다. 저는 원래 신경질적인 면이 있으면서, 어떠한 일에도 완벽성을 추구하는 편입니다. 예전부터 저는 남들이 제게 늘 피곤한 성격 때문에 힘들지도 않느냐는 말이 제일 듣기 싫었습니다.

성격을 좀 바꿔 보려고 요가클래스에 등록도 해보고, 마라톤 경주에도 자주 참여하지만 제 마음을 조절하기란 정말 어렵더군요. 전 이럴 때마다 그윽한 향이 있는 어머니의 존재와 같은 연꽃향차를 자주 마시곤 합니다.

특별히 꽃이 나는 계절이 아니라 할지라도 냉동실에 보관했다 마시면 감기도 예방하고 불면증도 다스릴 수 있습니다.

(서울 목동(35세), 위성철)

탈모증세가 신기하게 멈췄어요

40대 초반의 자영업에 종사하는 남성입니다. 저는 20대 후반부터 탈모가 시작되어 지금까지 늘 탈모로 고민하며 살아가고 있습니다. 모든 남성들의 적이자 불행인 탈모는 유전적인 요소가 가장 큰 이유인줄로 알고 있습니다. 그러나 저는 형제들 중 유독 저만 그런 것이 속상하기만 합니다. 고민만 하고 있으면 해결책은 없습니다. 그래서 백방으로 찾고 찾아 좋다는 음식, 약, 발모제 등을 모두 사용해보았습니다.

모두 하지 않는 것보다는 나았지만 기대가 너무 컸던지 발모(發毛)까지 성공하기란 너무 벽이 높기만 했습니다. 지금으로부터 약 5년 전의 일입니다. 어느 날 어머님께서 다니시던 양평의 통불사에서 연잎향차를 사오셨습니다. 그냥 웃으시면 제게 건네주시는 차 한통.

뭐냐고 물었지만 어머니께서는 그냥 웃기만 하시면서 젊어지는 차라고만 하시더군요. 뜨거운 물에 우려내서 시간이 날 때마다 마셨습니다.

점차 녹차와는 다른 구수한 맛을 지닌 이 차가 나중에 연잎차라는 것을 알았습니다. 지금까지도 매년 늦여름~초가을에 싱싱한 연잎차를 많이 사오곤 합니다. 그런데 신기한 일이 제게 일어났습니다.

전형적인 M자형의 탈모증인 제게 약간의 솜털이 나기 시작한 것입니다. 믿을 수 없었지만, 그래도 저는 그 이유를 알아야했기에 그동안 제가 먹어온 식품과 운동들을 곰곰이 떠올렸습니다. 그중에서도 꾸준히 이행해 온 식습관은 연잎차뿐이었습니다. 실제로 연잎에는 노화방지와 자양강장 성분이 많이 함유되어 있어 꾸준히 즐겨 마시면 모발의 성장을 돕는다거 합니다.

(서울 천호동 (41세), 이영학)

배뇨곤란증을 없애준 고마운 연꽃차

 50대에 들어서면서부터 항상 몸이 붓고 무거우며 나른한 증세가 계속되었습니다. 그냥 누구나 겪는 갱년기 증상이라고 생각하며 살았지요.

 어느 날 이사문제로 신경을 쓴 탓인지 갑자기 소변에 이상이 생겼습니다. 첫 아이를 출산하면서 부터 가끔가다 피곤하면 찾아오는 배뇨곤란증…

 한의원에서 방광이 약하다고 해서 약을 몇 차례 지어먹은 적이 있습니다. 지난 봄부터 그러더니 겨울로 들어서면서부터 점점 그 증상이 심해져갔습니다. 너무 힘이 없어 비뇨기전문병원에 가서 검사를 했습니다.

 신우염이라고 하더군요. 그러던 중 친정 동생이 어디서 들었는지 방광에 좋다며 연꽃차를 마시라고 가져왔더군요. 정말 신기하게도 복용한지 2주만에 소변볼 때의 기분 나쁜 찌릿한 느낌은 이내 사라졌고 몸의 붓기도 빠지는 듯 싶었습니다. 물론 현재 병원치료는 병행하고 있습니다만, 의사 선생님께서도 연꽃차에 이뇨작용을 돕는 성분이 있어 저와 같은 사람이 마시면 좋다고 하시네요. 향도 은은하고 연꽃향차를 마실 때마다 잠시 나 자신을 반추하는 시간을 갖기도 해서 저는 늘 연꽃차를 마실 생각입니다.

(경기도 구리시(55세), 이금주)

내 목은 연근차가 지켜줍니다

    20대 후반의 초등학교 교사입니다. 직업 특성상 언제나 목을 많이 쓰는 편이라 늘 목 관리에 신경을 씁니다.

    특히 환절기가 되면 감기에 걸리지 않도록 예방하는 것도 매년 저를 위한 노력의 일부입니다.

    이렇게 신경을 쓰고 살지만 도시근로자라면 당연히 감수해야하는 대기오염과 환경유해물질들은 필요악적인 요소로 늘 제 곁을 따라다닙니다.

    늘 칼칼하고 건조한 제 목은 심할 때는 하루의 기분까지 매우 짜증스럽게 합니다. 여기에다 마치 목에 생선가시라도 걸린 듯 헛기침과 켁켁대는 소리까지 자주 내곤 하여 보는 이들로 하여금 "젊은 여자가 왜 그리 자주 그러냐"는 둥 자주 질문을 받기도 하고 더욱이 어린 제자들에게 미안하기까지 합니다.

    이런 증상이 곧 제 성격과 관련된 신경성이라는 글을 예전에 잠시 읽은 기억이 있습니다. 마음이 초조하고 늘 긴장되어 있으면 저와 같이 나도 모르게 습관적으로 그런 행동을 한다고 말입니다. 그러던 중 선배 교사로부터 연근차를 한번 마셔보라고 권유를 받았습니다.

워낙 커피를 포함해 차를 좋아하는 저라 평소 잘 모르는 차를 알게 되어 기뻤습니다.

약 한달 정도를 연근가루차를 마셨습니다. 정말 목에 뭐가 걸린 듯한 답답한 느낌은 싹 사라졌습니다. 2년여 시간이 지난 지금도 그때의 일을 생생히 기억합니다. 너무 신기했으니까요.

(경기도 양평시(29세), 임나영)

연잎차는 '나의 숨은 보배'

 3년 전 건강검진을 하면서 제가 고혈압이 있다는 것을 알았습니다. 집안에 워낙 고혈압을 겪으셨던 분들이 많아 저 역시 이 지병의 벽을 넘어설 수가 없었던 모양입니다. 늘 조심하면서 고혈압에 좋다는 음식과 약을 복용하며 살아가고 있습니다.

 병원에서 강압제를 처방받아 먹고 있지만 늘 마음 한편에는 습관성이 되지 않을까 걱정하고 삽니다. 와이프가 만들어주는 다시마와 표고버섯즙을 매일 먹기란 그리 쉽지 않더군요. 이런 제 지병을 알게된 지인께서 연잎차를 먹어보라고 추천을 해주셨습니다.

 처음에는 그저 구수한 맛에 물처럼 마시기 시작했습니다. 먹기도 편했고, 점점 제 입맛에 맞아가는 것 같았습니다. 정말 지인의 말대로 제 몸에 변화가 오기 시작했습니다. 복용한지 1년 만에 180~160mmHg까지 오르던 혈압이 정상 범위까지 내려간 것입니다.

 왜 진작 이렇게 고마운 연잎차를 알지 못했나 하는

애석함뿐입니다. 지금은 연잎환까지 만들어 복용하고 있습니다. 간편해서 먹기도 쉽고 피도 맑아졌다고 하니 열심히 먹을 생각입니다. 모두가 연꽃 덕분입니다.

(경기도 안양시(58세), 이정남)

연향차 구입 안내

연향차 구입을 원하시는 분께서는 출판사로 연락주시기 바랍니다.

하남출판사 : (代)02-720-3211

몸의 독소를 제거하는 연꽃차

지은이 | 강명수
펴낸이 | 배기순
펴낸곳 | 하남출판사

초판1쇄 발행 | 2006년 11월 15일
등록번호 | 제10-0221호

서울시 종로구 관훈동 198-16 남도BD 302호
전화 (02)720-3211(代) | 팩스 (02)720-0312
홈페이지 http://www.hnp.co.kr
e-mail : hanamp@chollian.net, hanam@hnp.co.kr

ⓒ 강명수, 2006

ISBN 89-7534-186-0(03690)

※ 잘못된 책은 교환하여 드립니다.
※ 이 책의 무단전재와 무단복제를 금합니다.